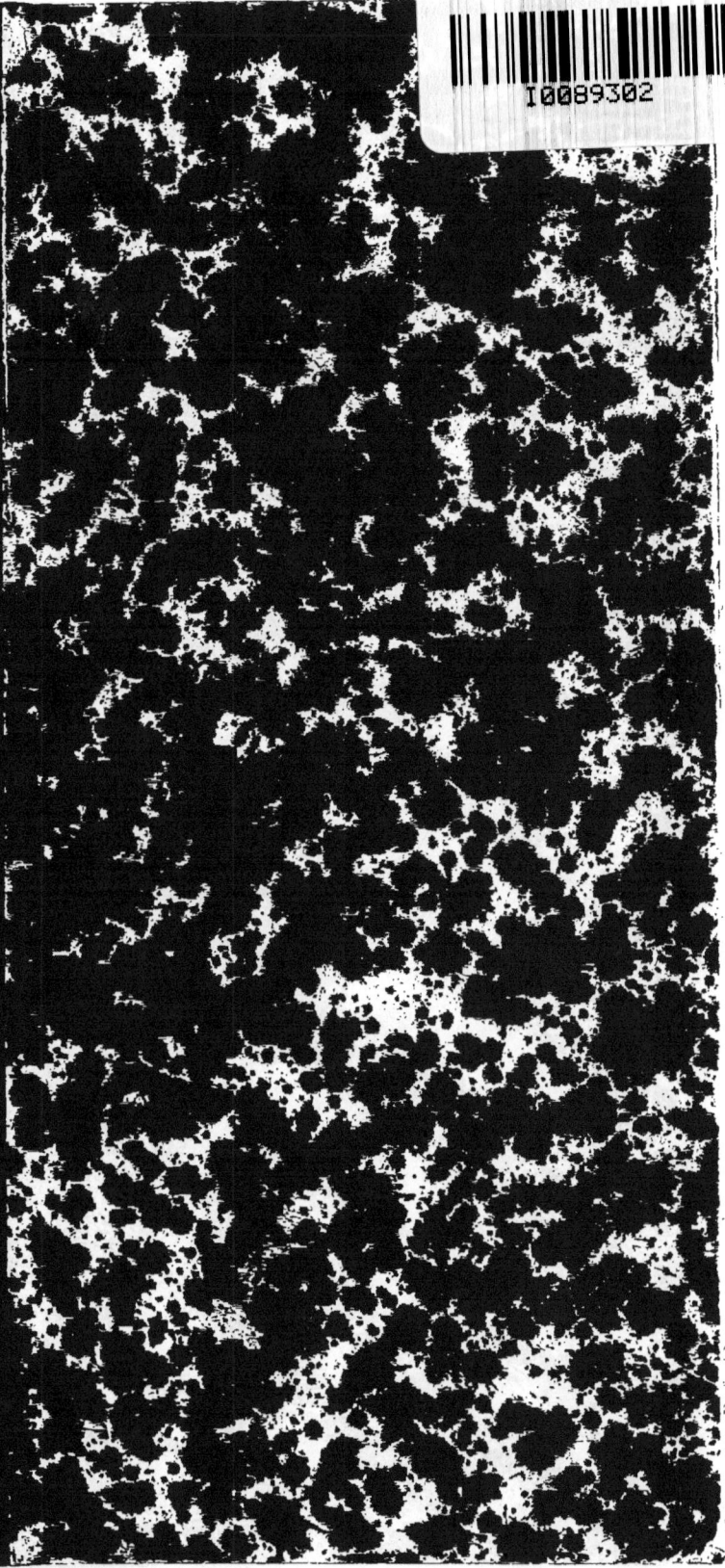

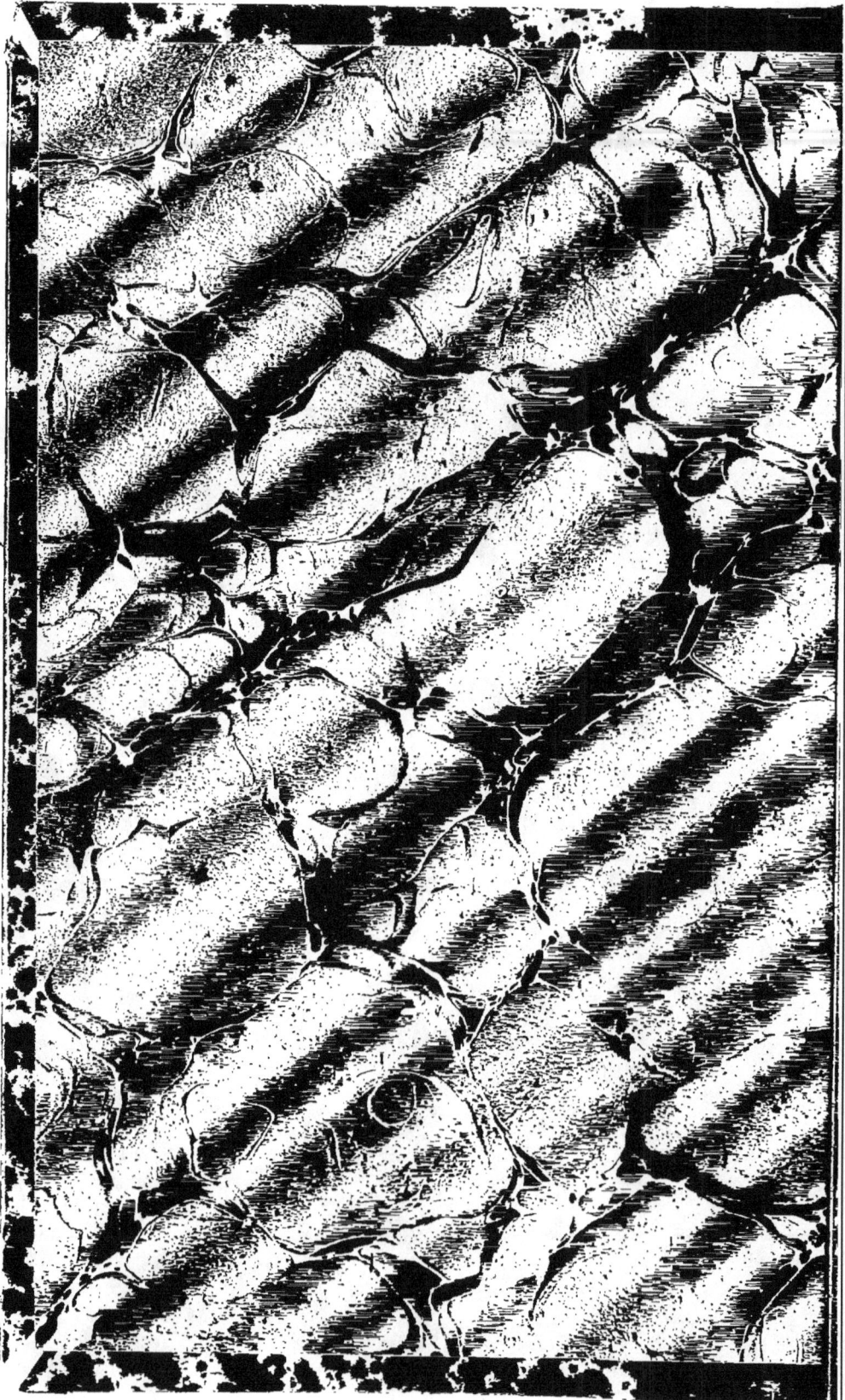

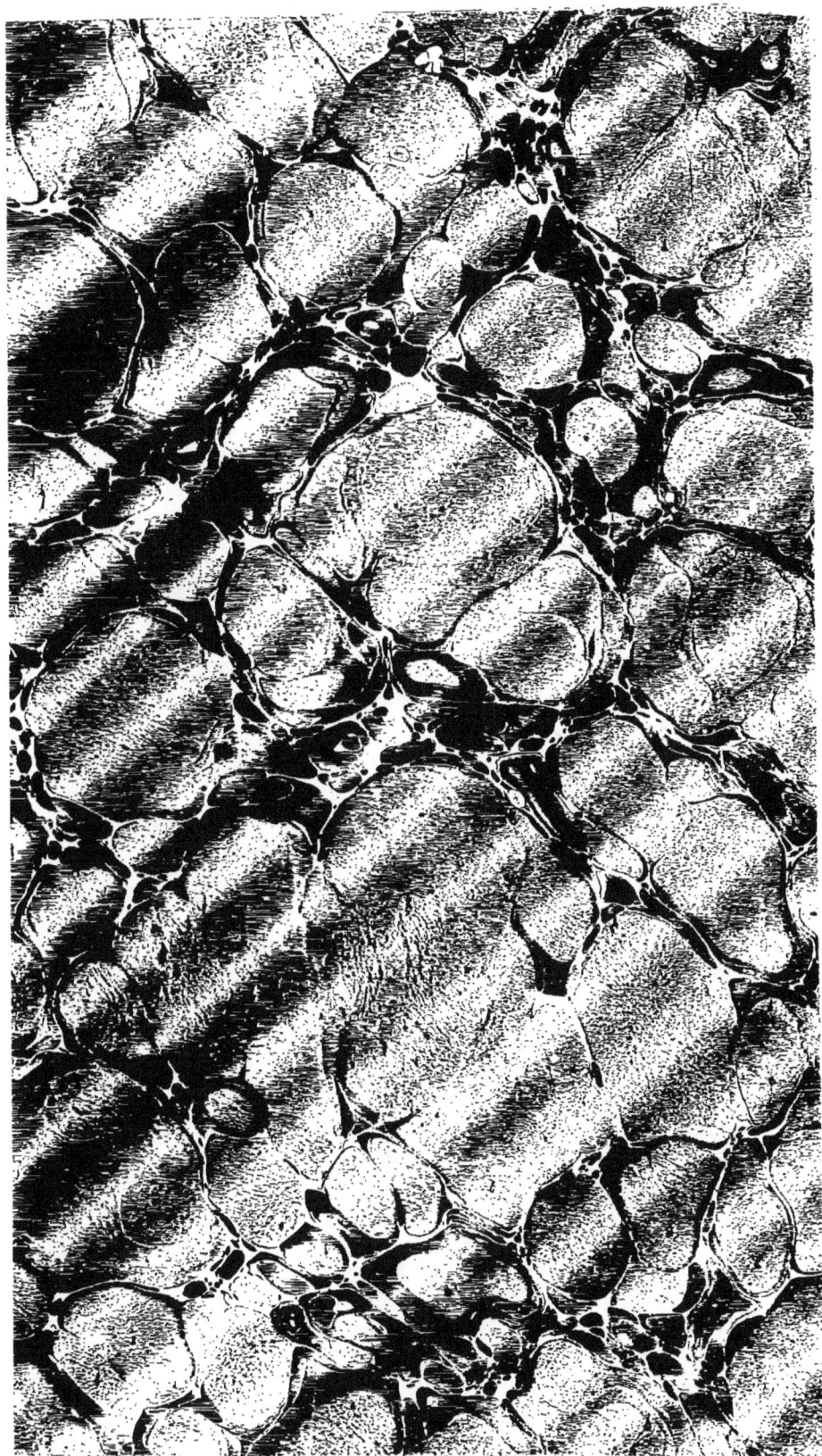

BIBLIOTHÈQUE
DE PHILOSOPHIE CONTEMPORAINE

PHILOSOPHIE

DE

L'ARCHITECTURE

EN GRÈCE

PAR

ÉMILE BOUTMY

Professeur à l'École spéciale d'architecture

PARIS

GERMER BAILLIÈRE, LIBRAIRE-ÉDITEUR
Rue de l'École-de-Médecine, 17.

Londres	New-York
H. p. Baillière, 219, Regent street	Baillière brothers, 440, broadway.

MADRID, C. BAILLY-BAILLIÈRE, PLAZA DE TOPETE, 16.

1870

PHILOSOPHIE

DE

L'ARCHITECTURE EN GRÈCE

PARIS — IMP. E. MARTINET, RUE MIGNON, 2.

PHILOSOPHIE

DE

L'ARCHITECTURE

EN GRÈCE

PAR

ÉMILE BOUTMY

Professeur à l'École spéciale d'architecture

PARIS

GERMER BAILLIÈRE, LIBRAIRE-ÉDITEUR

Rue de l'École-de-Médecine, 17.

Londres | **New-York**

Hipp. Baillière, 219, Regent street. | Baillière brothers, 440, Broadway

MADRID, C. BAILLY-BAILLIÈRE, PLAZA DE TOPETE, 16.

1870

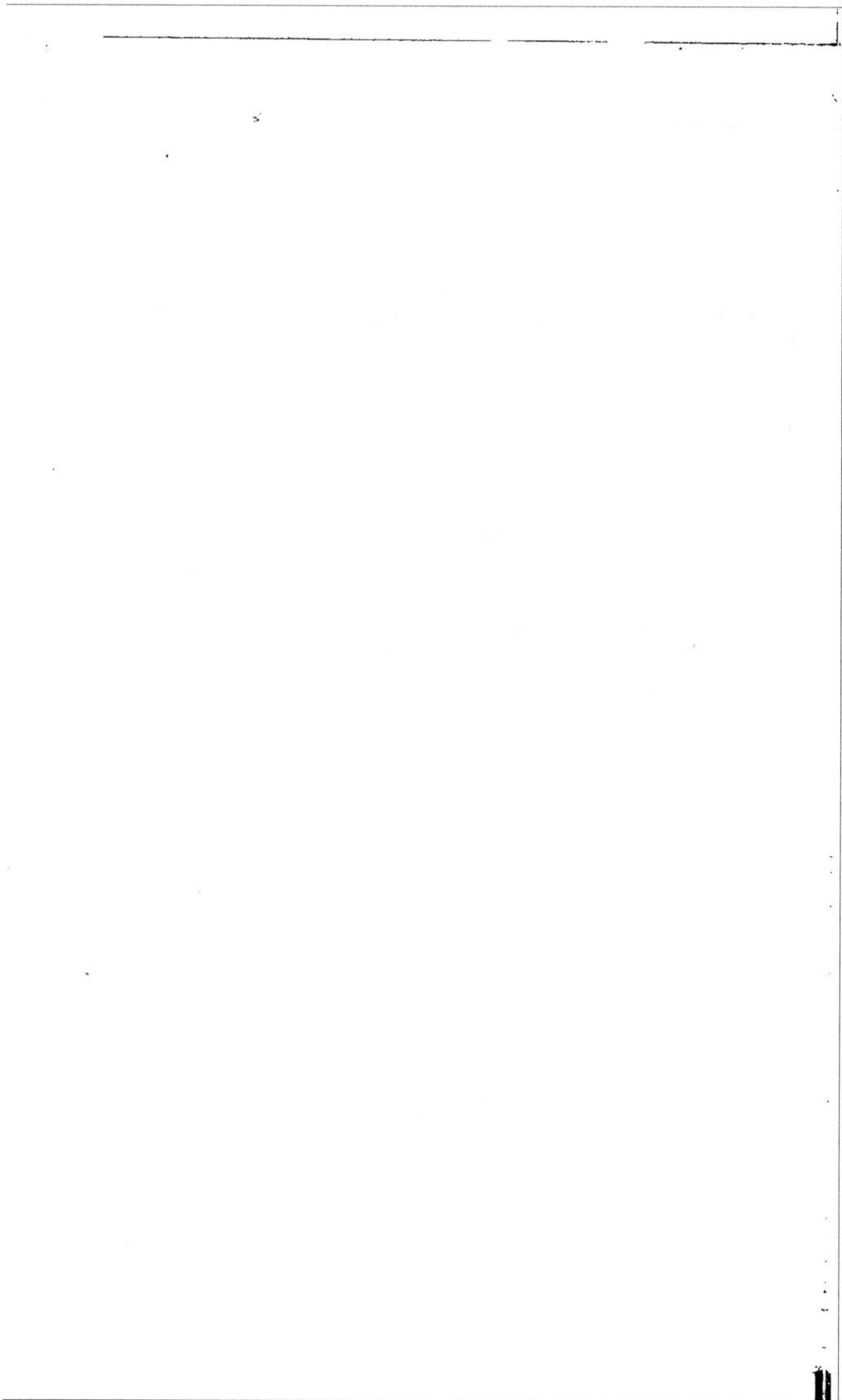

LE MILIEU PHYSIQUE ET MORAL

VUES GÉNÉRALES

Les quatre-vingts dernières années ont renouvelé
toutes les parties de l'histoire, notamment celle
qui a pour objet l'architecture. Au commencement
du siècle on a exhumé les grandeurs de la vieille
Égypte ; plus récemment, on a retrouvé le style gothique, jusque-là masqué derrière les pompes monumentales du XVIIᵉ siècle ; on commence à entrevoir les richesses de l'Hindoustan ; on a découvert, enfin, les
beautés jusqu'à ce jour aussi ignorées qu'admirées de
la Grèce ancienne. Pendant des siècles on avait regardé
Athènes à travers Rome ; on qualifiait de *Grecs,* avec
une incroyable assurance, les débris d'architecture
qui se dressaient encore sur le forum romain. A l'exemple des grands artistes de la Renaissance, on s'imagi-
nait avoir, dans Vitruve, la bible de l'art hellénique,

et l'on tenait pour authentiques toutes les formes imaginées d'après le texte sacré. On ne doutait point que
l'ordre du temple d'Hercule à Cora ou les ordres de Palladio, ne fussent aussi complétement *typiques* que les
colonnes élevées par Ictinus et Mnésiclès, Callicrate ou
Libon. On pensait que la Madeleine et la Bourse n'eussent surpris ces hommes éminents que par leur grandeur, et qu'ils y eussent reconnu, non-seulement les
dispositions générales du temple grec, mais les formes
spéciales de chaque membre, et surtout cette entente
des effets, ce sentiment de l'harmonie et des proportions, ces finesses du goût qui donnent au style le ton
et le caractère.

Un regard jeté sur les monuments de la Grèce elle-
même, par quelques voyageurs attentifs, a subitement
dissipé l'illusion. Un seul exemplaire, vraiment authentique, a suffi pour montrer que ni les grands partis de
la composition, ni les proportions, ni les profils d'un
monument grec ne ressemblaient à ceux des monuments dont les ruines jonchent la surface du Latium.
On s'est aperçu que l'art romain comparé à l'art grec
avait le caractère de ces traductions « nobles et généreuses » à la Dacier, qui ont pendant tant d'années défiguré le vieil Homère ; on a reconnu qu'on avait eu devant les yeux, non un manuscrit de première main,
mais un parchemin surchargé qu'il aurait fallu gratter
comme un palimpseste. Avec plus d'étude, on aurait vu
que les ordres romains ne sont pas même une traduction directe, et qu'ils se rattachent, non au style monumental de l'Hellade pendant le siècle de Périclès, mais
aux édifices de l'Orient hellénisé par Alexandre ; si bien

que c'est à Pergame, à Cyzique, à Antioche, à Rhodes,
à Alexandrie, plutôt qu'à Athènes, qu'il faut chercher
les initiateurs de l'architecture *Gréco-latine*, devenus
plus d'une fois, par la suite, ses imitateurs. On s'aperçut
enfin que Vitruve, dont les jugements étaient acceptés
sans contrôle et selon le méthodisme le plus aveugle,
n'avait connu que cette architecture gréco-orientale
et qu'il ne l'avait connue que par les livres ; on pres-
sentit dans le prince des architectes un compilateur léger des théoriciens d'Alexandrie. On s'étonna de lui entendre dire que les *anciens* n'ont pas employé l'ordre
dorique pour les temples (1), quoique le Parthénon soit
un édifice dorique, — que les temples doivent être
orientés de façon que la statue regarde l'ouest (2),
quoique tous ceux qui ont été retrouvés dans l'Hellade
proprement dite s'ouvrent au levant, sauf un qui à son
axe du midi au nord! etc...... Il fut évident que Vitruve n'avait guère quitté son cabinet et sa bibliothèque, qu'il n'avait consulté que le texte d'Hermogène ou
d'autres architectes postérieurs au siècle d'Alexandre ;
que pour connaître l'art grec de la belle époque, il
était nécessaire, au moins pour un temps, d'écarter ce
maladroit interprète, et d'aller étudier sur place celles
des œuvres du VIe et du Ve siècle que le temps et les
hommes avaient épargnées.

Des érudits, des artistes, entreprirent avec ardeur cette
besogne difficile. Nos pensionnaires de l'École de Rome
n'ont cessé de la poursuivre avec talent et succès. Il faut
citer au premier rang les travaux éminents de M. Beulé,

(1) Vitruve, liv. IV, ch. III.
(2) Vitruve, liv. IV, ch. v.

les belles études de MM. Garnier et Paccard. Quand
on consulte la liste des envois, on remarque que le
premier monument vraiment grec qui ait fait l'objet
d'une restauration est le temple de Minerve Poliade,
étudié par Ballu en 1845. A partir de cette époque les
travaux d'après les types monumentaux de l'Hellade
se succèdent presque sans interruption jusqu'en 1854;
les édifices gréco-latins semblent abandonnés, et si
l'on y revient dans les restaurations plus récentes, c'est
qu'en vérité, la Grèce elle-même est un champ presque épuisé. Tous les exemplaires connus de l'architecture proprement hellénique ont été en effet le sujet de
travaux intelligents, dont quelques-uns même sont dé-
finitifs. On est donc tenté de reprendre les études
ébauchées avant 1845 sur les monuments romains;
car celles-ci sont à refaire d'après les vues plus hautes
et plus précises de la critique contemporaine.

Dans cette nouvelle direction imprimée à la curiosité, on rencontre un autre courant, déterminé par les
exigences générales du sens historique moderne. Aujourd'hui, l'historien d'une partie quelconque du développement humain sait qu'il ne doit pas isoler cette
partie de l'ensemble. Il comprend qu'un monument
n'est pas seulement l'œuvre du compas et de l'équerre,
et que son style ne dépend pas seulement d'un certain
goût spécial et professionnel. Derrière les instruments
qui touchent immédiatement le marbre et la pierre,
derrière l'instinct de l'homme de métier, il entrevoit
une intelligence générale, des passions et des aptitudes
de haut vol, des besoins largement ressentis qui im-
priment à l'architecture de chaque époque un carac-

tère distinct. Pour bien comprendre un art monumental tel que l'art grec, il est donc indispensable d'en étudier les origines tant intellectuelles que morales, sociales et politiques. Quand on pénètre un peu curieusement dans cette analyse, on est surpris de voir que, non-seulement les grands *partis*, mais même certains détails très-secondaires qui semblaient l'œuvre du caprice, se rattachent étroitement à de certains états de l'âme. On est plus surpris encore de compter les nombreux contre-sens que laisse faire ou favorise une explication purement technique du monument. Tout d'abord, on serait tenté de croire qu'une étude aussi compréhensive et aussi abstraite que celle des éléments généraux de la civilisation ne peut aboutir qu'à des résultats vagues et sans précision. Il n'en est rien. Le *milieu psychologique* où naît un art donne seul, il donne avec une entière netteté la clef des grandes dispositions monumentales, des grands arrangements décoratifs, des exigences et des tolérances moyennes du goût. Que de traits, rebelles à l'interprétation technique, s'expliquent par ces considérations supérieures! l'esthétique vague, les grandes phrases, qui sembleraient les compagnes naturelles de telles généralités, disparaissent, au contraire, devant cette large infusion historique, entraînant avec elles les interprétations subtiles qui suppléaient péniblement à des données insuffisantes. On a ainsi du monument une idée claire, complète, positive. Dissiper l'erreur, élargir et accentuer la vérité, n'est-ce pas tout ce qu'on peut demander à une méthode historique? C'est ce qu'a donné, dans toutes les branches auxquelles elle a été appliquée successivement, la méthode qui se fait une loi de ne considérer que les ensembles, et d'encadrer toutes les questions d'histoire dans une psychologie générale du temps et de la race.

Ces réflexions expliquent le but que nous nous sommes proposé dans les pages qui suivent. Avant tout il importe de considérer l'art grec authenti que, celui dont on trouve les restes dans l'Hellade, et non pas celui des livres et des manuels ; il convient de le considérer à l'état adulte et à son plus haut degré de développement, par exemple dans le Parthénon, afin de ne rien rencontrer qui n'ait le relief de la forme définitive, et d'éviter les traits mous, indécis, qui prêtent aux fausses interprétations. Chercher aux environs et dans les caractères intimes de cet exemplaire typique, les influences de tout ordre qui se sont exercées sur l'architecte, déterminer le caractère et l'attitude de la société, l'essence intime de l'*idéal*, les habitudes des sens et le tempérament spirituel qui règlent l'invention et le choix des formes particulières, en un mot décrire ou définir le milieu environnant, le fond, la forme, voilà le problème délicat et attachant que nous aimerions à traiter. Ce problème, dont les solutions les plus hautes reposent dans le secret du cœur et dans les profondeurs de l'esprit, ne saurait être plus justement nommé que : *La psychologie de l'architecture en Grèce.*

I

LA GÉOGRAPHIE

—

Nous voici donc au pied du Parthénon, sur le rocher de l'Acropole ; assis sur les degrés du temple *modèle*, étendons par la pensée nos regards jusqu'aux confins du monde grec. Nous voyons les races primitives s'agiter dans cette enceinte, se fixer, émigrer plus loin, former des groupes, des États, une nation, une société. Quelles lois vont régler cette évolution dont le dernier terme est la constitution d'un *public?* Quelle figure fera l'artiste devant ce groupe qui l'inspire et le juge? Sur quelle condition sociale son génie prendra-t-il son point d'appui nécessaire? Aura-t-il liberté, sécurité, fierté? A eux tous, ces faits composent l'évolution qui a rendu possible l'apparition d'un grand art, de la même façon que les transformations géologiques successives ont rendu possible l'apparition des animaux supérieurs. Avant d'aborder la partie essentielle du problème, regardons d'abord, d'un coup d'œil rapide, s'affermir le sol, et s'épurer l'atmosphère sociale où a pu s'épanouir l'exquise fleur Parthénonienne.

1.

La géographie fournit une première et féconde impression. Si on laisse tomber ses regards sur la carte, on voit que la Grèce ressemble à une Suisse insulaire, à une Écosse. Un des caractères les plus frappants du pays, c'est qu'il est à chaque pas coupé et barré. A considérer de près le sol, les chaînes continues indiquées par les géographes n'existent pas; des pics semés au hasard se donnent la main pour entourer et clore de toutes parts de petites vallées ou des plaines; et la clôture est si parfaite, que les eaux mêmes ne trouvent pas le moyen de se frayer un passage à découvert, et qu'elles s'échappent par des fissures souterraines. Par la même raison, il y a peu de grands fleuves en Grèce, et les grands fleuves sont, on le sait, la grande route des migrations primitives. En outre il est remarquable que les cours d'eau les moins médiocres, l'Acheloüs, le Pénée, l'Alphée, n'appartiennent pas aux contrées qui ont produit une civilisation supérieure; ils traversent l'Épire et l'Étolie, la Thessalie, l'Arcadie et l'Élide. Dans toute la Grèce digne de ce nom, de grands obstacles gênent donc la circulation par terre, et un mot de Strabon semble indiquer que, même au commencement de notre ère, les routes et les canaux étaient dans l'état le plus misérable. Ainsi, jusqu'à une époque assez avancée, on peut se représenter les différentes parties de la péninsule comme n'ayant presque point, entre elles, de communication continentale.

Un autre caractère géographique compense cette disgrâce naturelle; la mer est partout en Grèce, et non seulement elle baigne les grands contours de la côte,

mais elle pénètre profondément par des golfes au cœur
même du pays. Tacite a dit de la Grande-Bretagne :
« *l'Océan s'insinue dans les défilés et entre les montagnes
comme dans son propre domaine* » (1). Le mot est vrai de
la Grèce. Il n'y a pas une province, excepté l'Arcadie,
qui ne soit maritime et qui n'ait plusieurs anses ou
même de beaux ports naturels ; le Grec était donc navigateur de naissance et par nécessité géographique.
Les golfes profonds, les baies échancrées, semblaient
se prêter à son apprentissage ; des îles semées dans la
mer « comme des pierres dans un gué » offraient des
stations échelonnées aux premières tentatives en pleine
mer. Au bas de son échelle de rochers, le montagnard
avait sa nacelle tirée sur le sable ; il se faisait marin ;
et toutes ces contrées dont le séparaient par terre des
montagnes, des gorges infranchissables, il y abordait
aisément en quelques coups de rame. La grande voie
de communication des Grecs entre eux a été la mer. La
prodigieuse révolution qu'ont faite de notre temps les
voies ferrées, en réunissant des provinces jusque-là
presque isolées, la mer Égée, l'Archipel, l'ont accomplie naturellement pour les petits États de la presqu'île
grecque. Le marchand, le pirate, ont été les créateurs
de l'unité panhellénique.

La navigation est aussi ancienne que la Grèce elle-
même ; la piraterie est déjà une des meilleures professions au temps d'Homère. Toutefois les mâts, les agrès,
les voiles, sont postérieurs à la séparation des Pélasges
en Latins et en Grecs ; les barques restent petites et la

(1) Tacite, Agricola, c. 10.

marine timide jusqu'au VIIe siècle. Vers 630, on ne peut trouver un pilote qui ait été à Cyrène ; pour passer en Sicile, même au temps de la guerre du Péloponèse, on remontait par Corcyre et le golfe de Tarente ; la navigation resta donc pendant très-longtemps un simple et circonspect cabotage. Dans de telles circonstances, le mélange des idées a dû être bien plus aisé et bien plus rapide que le mélange des hommes. Ce n'était qu'avec peine que deux nationalités, séparées par une barrière de montagnes, parvenaient à s'unir et à se confondre. Par mer, au moins pendant toute une longue période, même difficulté aux migrations en masse. Sur ce frêle bateau qui ne prendra qu'au VIIIe siècle les proportions de la trirème, quelques matelots seulement peuvent s'embarquer ; mais ils emportent avec leurs marchandises une cargaison d'opinions, de légendes, de souvenirs, de renommées, qu'ils laissent sur tous les rivages. Ainsi la nature même des moyens de communication était bien autrement favorable à l'échange actif et précoce des idées qu'au mélange des races et aux « grandes agglomérations » ; elle tendait à produire, bien avant toute fusion politique, et au sein d'un morcellement extrême, une puissante unité intellectuelle. On ne peut mieux représenter la nature et l'effet de ces premières relations par la mer seule qu'en les comparant à celles qu'établirait, entre les provinces françaises, un chemin de fer ne transportant pas de voyageurs, mais seulement des denrées, des livres et des gazettes. Le lien des provinces de la Grèce, pendant des siècles, ç'a été les œuvres de son génie. Les poëmes du cycle homérique lui ont tenu lieu d'une

administration centralisée. Cette empreinte lui est restée même après le perfectionnement des moyens de
communication. Aux temps historiques, la véritable
assemblée politique n'est pas le conseil des amphic-
tyons, ce sont les jeux Olympiques, qu'on ne juge pas
à propos de remettre, même pour courir à la rencontre
des Perses attaquant les Thermopyles (1). On est Grec,
non parce que l'on est soumis au même gouvernement
et qu'on appartient à la même nationalité, mais parce
l'on n'est pas barbare, c'est à dire *bégayant,* parce
que l'on parle la noble langue de *l'Iliade* et de
l'Odyssée.

Morcellement politique, fusion intellectuelle et morale, voilà donc les deux caractères inscrits d'avance
dans la géographie de la Grèce. Jusque vers 560, c'est-
à-dire jusqu'à ce que la conquête des colonies grecques
d'Asie par les Lydiens et enfin par les Perses, force les
Hellènes du continent à se grouper et à serrer les rangs
autour d'un chef, elle offre l'aspect de vingt *nations* juxta-
posées dans un espace de quelques lieues carrées, cha-
cune ayant ses dieux, ses ancêtres, son œkiste, ses guerres, sa législation, ses légendes et son histoire, et toutes
cependant formant un seul et vaste *public* autour du
poëte et de l'artiste. Que de sources distinctes d'originalité, venant se verser dans un même courant
d'émulation et d'enthousiasme! De même qu'en mécanique on perd en force ce que l'on gagne en vitesse,
nos grandes agglomérations ont perdu, en verve créatrice et en variété de conception, ce qu'elles ont gagné

---

(1) Hérodote, VII, 206.

en largeur de vue et en hauteur de ton. La Grèce seule,
à la faveur de sa constitution géographique, a su tout
concilier. Son génie a la féconde chaleur qui sort de
foyers multiples, il a la majesté d'une seule grande
flamme battant de l'aile à découvert. Beaucoup de
petites scènes, où chaque groupe joue avec ferveur le
drame de ses passions et de ses intérêts propres,
s'espacent dans l'enceinte d'un vaste théâtre, sous les
yeux d'un immense auditoire. Chaque coin de terre,
grand comme le comtat Venaissin, avait l'orgueil national d'un pays grand comme la France ; il avait ses
annales, ses héros ; en travaillant sur ces types, le
poëte, le statuaire, gardaient tout le feu d'un patriotisme conçu et couvé à l'étroit ; ils conservaient la
saveur natale, le goût du terroir ; mais ils sentaient
qu'ils seraient entendus et admirés de toute la grande
patrie, et ils mettaient leurs œuvres *au point* pour la
vaste multitude qui devait les lire ou les contempler.
Ce qu'il faut bien comprendre, c'est que tout ayant en
Grèce les proportions municipales, rien n'y était municipal par le fond et par la manière de voir. Le plus
petit bourg se sentait un peuple. La Grèce n'était pas
une grande nationalité compacte, enserrant une foule
de petites villes bornées dans leurs vues, mesquines
dans leurs passions. C'était plutôt une grande famille
disséminée, enveloppant et reliant une foule d'États
complets et glorieux, par l'unité de la langue et la
libre fraternité des génies. « Le nom de Grecs, dit
admirablement Isocrate, désigne moins un peuple particulier qu'une société d'hommes éclairés et polis ; et
l'on appelle ainsi plutôt ceux qui participent à notre

éducation que ceux qui partagent notre origine. »
(Panég. d'Athènes.)

La géographie n'indique pas seulement les conditions de la circulation intellectuelle; elle révèle au regard que dirige un esprit attentif le champ et même le centre de cette circulation. Vers 1100 a lieu l'invasion dorienne en Grèce. Il semble qu'à ce moment, ni les envahisseurs ni les premiers occupants n'aient eu de caractère bien déterminé. Ceux-ci sont comme des sortes d'Étrusques, bornés, patients, laborieux dans un cercle intellectuel étroit. Ceux-là ont toutes les apparences d'une horde de barbares. Les peuplades qui les précèdent ou qu'ils entraînent à leur suite, les Thessaliens, les Béotiens, les Ætoliens, sont les plus grossières de la race hellénique; les derniers mangent de la chair crue et parlent une langue inarticulée. La vie urbaine est ignorée des Doriens; ils habitent de petits bourgs ouverts et disséminés. Tels ils pénètrent dans l'Hellade, chassant devant eux les populations plus anciennes. Celles-ci quittent la péninsule, passent dans les îles, puis en Asie Mineure. Tandis que les conquérants, renfermés dans leur lutte contre les indigènes de la Grèce, développent leur génie sous les formes pures de son type naturel, les émigrés Achéens subissent l'influence de leurs voisins orientaux; leur hellénisme s'altère, et du même coup, leur caractère se détermine; c'est à ce moment, selon toute vraisemblance, et par opposition avec la race restée maîtresse du Péloponèse, qu'ils se distinguent comme Æolo-ioniens; par leur choc même, les deux génies prennent relief, se fixent et se sentent; définis par leur contraste, mis en présence et en regard par leur distribution géographique, ils commencent à agir efficacement l'un sur l'autre. Cette action réciproque a été l'une des causes maîtresses de la civilisation hellénique. S'il y a un fait curieux dans l'histoire de la Grèce, c'est la stérilité intellectuelle de la côte occidentale de la Péninsule, de la Triphylie, de l'Élide, de l'Acarnanie et de l'Étolie. Ce sont pour la plupart de grandes plaines, dont le sol verdoyant et riche fait contraste avec la sécheresse montagneuse des régions orientales. Ces régions déshéritées sont pourtant celles qui sont devenues un foyer de progrès; c'est le voisinage des Ioniens qui leur a fait ces hautes destinées. L'incessant échange des idées et des créations entre deux esprits si différents, les concessions mutuelles, les essais plus ou moins heureux d'acclimatation, les vives réactions de chaque race sur les points frappés d'incompatibilité, tout a concouru à produire, dans cette zone limitée, un prodigieux développement intellectuel. La mer Égée a été pendant trois siècles, après l'invasion dorienne, l'enceinte où s'est accompli l'actif travail de la civilisation grecque.

Dans cette enceinte, on peut indiquer, presque *à priori*, le lieu où l'action sera la plus énergique et la fusion la plus complète. Au nord du Péloponèse, un court promontoire se prolonge vers l'Asie et donne la main aux îles qui forment entre les deux continents une série d'étapes maritimes. C'est le promontoire de Sunium, la pointe de l'Attique. C'est là que les Achéens refoulés ont trouvé un dernier refuge; c'est le lieu d'embarquement des Pélasges, des Myniens d'Orcho-

mène, des Abantes d'Eubée, de tous les futurs Ioniens ;
c'est là seulement qu'ils ont gardé pied dans la Grèce
proprement dite. Reliés à leurs frères par la saillie
orientale de leur triangle, les habitants de l'Attique
subissent cependant de plus près l'influence dorienne.
La race conquérante les entoure et pour ainsi dire les
cerne de toutes parts ; établie à Corinthe, à Égine, à
Mégare, d'où elle dispute longtemps Salamine à leur
faiblesse, elle les accable de son prestige et les pénètre de ses idées ; inhabile à les tranformer profondément, elle leur laisse cependant une empreinte marquée. Attirés aux jeux Olympiques, les Athéniens
adoptent peu à peu les coutumes doriennes ; ils se
désaccoutument du long vêtement oriental ; leurs enfants vont à l'école, nus dans la neige, en chantant
l'hymne à Pallas ; l'architecture dorique enfin s'impose
à eux, et c'est dans ce style qu'ils élèvent et réédifient
leur grand monument national, le Parthénon. Mais ces
emprunts semblent entre leurs mains des créations
nouvelles ; le génie ionien, resté en communication
avec sa source asiatique, les remodèle avec une puissance extraordinaire ; il complète, il achève, il raffine, il
couronne de grâce et d'éclat la vigoureuse conception
dorienne. Athènes, par sa position, était prédestinée
à devenir le confluent des deux fleuves, et comme le
siége de la réaction des deux génies l'un sur l'autre.
Son glorieux privilége et sa haute fonction historique
étaient écrits d'avance sur la carte. Quand Xénophon
signale la réceptivité de son dialecte, où trouvent
accueil des mots venus de tous les rivages gréco-asia-
tiques, il énonce une conséquence prévue. Sans autre

lumière qu'une vue sommaire de la configuration géographique du pays et de la distribution des races, on
aurait pu dire avec certitude : là sera le grand foyer
intellectuel de la Grèce, le centre d'attraction où vien-
dront se fondre et se concilier toutes les aptitudes
des différentes fractions de l'hellénisme.

II

Bien distincts en effet sont les deux génies qui forment, en se mêlant, le courant de l'esprit grec. Chacun d'eux a servi, par des vertus pour ainsi dire opposées, le développement des beaux-arts.

Homère est le plus grand peintre du génie ionien. Il passe pour avoir représenté les Achéens du Péloponèse ; mais il les a seulement chantés, et ce sont les hommes de son temps, ses compatriotes asiatiques, qu'il a figurés sous ce nom d'emprunt. Le premier penchant qu'on démêle dans le grec homérique est celui qui est devenu l'artisan le plus efficace de la démocratie, le sentiment de l'indépendance individuelle. Il n'y a rien de plus hardi et de plus libre qu'un héros de l'*Iliade* ; il ne combat pas à son rang, comme le guerrier dorien ; il lutte isolément à pied ou du haut de son char ; rien dans les mouvements des Grecs et des Troyens ne ressemble à de la discipline. Le héros gourmande le roi des rois ; il lutte contre les Dieux eux-mêmes ; il ne plie que sous la main du destin. Dans un monde sans passé et sans expérience, il ne subit pas la pression d'un corps de maximes morales abstraites ; il crée lui-même, à chaque instant, la règle vivante de sa conduite. Nulle part l'homme ne s'est *posé* avec une conscience plus souveraine de son droit à se développer librement, sans autre loi que les impulsions de sa nature individuelle. Ce fait est décisif ; car le sentiment originel de l'indépendance est le signe propre des races progressives. Les nations qui commencent par le sacrifice de l'individu au groupe, comme les Spartiates ou les Romains, moulent une fois pour toutes leur originalité sous une forme immuable ; leurs arts s'arrêtent comme tout le reste ; le plus souvent elles n'ont pas de Phidias, et si elles en ont un, elles n'ont pas de Praxitèle. Si l'originalité du génie ionien s'est incessamment renouvelée, c'est qu'elle était restée voisine de la source vive ; sa longue fécondité était déjà écrite dans ce premier trait commun à tous les héros d'Homère : le sentiment vif et net de la liberté individuelle.

Ce sentiment est plutôt net qu'énergique ; on y devine l'absence du frein plutôt que la vigueur du ressort intérieur qui le brise. L'idéal des Ioniens est la vie, mais une vie calme et pour ainsi dire détendue ; leur activité intermittente semble n'avoir d'autre but que de donner de la saveur au loisir ; ces petits chefs pillards ont l'air de ne combattre que pour orner leur repos des belles et calmes sensations que donnent un riche mobilier, des tables opulentes, d'harmonieux récits de leurs propres exploits chantés au son de la lyre. Ils sont comme ces voyageurs qui voyagent pour

se souvenir et non par amour du mouvement. Quand
ils croient voir dans la vie d'un mortel l'image du
bonheur des dieux, c'est qu' « assis sur un trône en
face du foyer, il se verse du vin et se repose comme
un immortel ». Chose frappante ! formé par l'esprit
ionien, le Grec postérieur sera enclin à ne concevoir
aucune des idées dirigeantes de la vie que comme un
principe d'ordre et de paix. Parle-t-il de l'amour, il
dit avec Platon : « L'amour donne le calme aux
hommes, la tranquillité à la mer infinie; il endort
les vents. » Parle-t-il de la pensée? Il observe avec
Aristote qu'elle ressemble moins à un mouvement qu'à
un arrêt et à un repos. Ses deux grands systèmes de
morale, l'Épicurisme et le Stoïcisme, ont pour souverain bien la même paix absolue, sous les noms différents d'apathie (absence d'émotion) ou d'ataraxie
(absence de trouble). Dans les arts, il défend avec
Platon qu'on s'adresse à la « partie pleureuse de
l'âme » (1), et s'il représente la mort de Ménœcée, il
aime que le héros, « baigné dans son sang, expire avec
un visage plein de douceur et paraisse s'endormir » (2).
Cette ignorance de l'émotion qui va jusqu'aux profondeurs, ce goût d'une heureuse et constante stagnation
morale, ont été assurément transformés et ennoblis
par l'énergie dorienne; ils n'en sont pas moins, en
partie, l'effet des tendances originelles des Ioniens.
Dans les arts d'imitation, dans la philosophie, dans la
poésie, ces caractères sont visibles sous la forme supé-

(1) Τὸ θρηνῶδες.
(2) Philostrate.

rieure que leur a donnée le concours des deux génies
helléniques; dans les arts inférieurs et surtout en
architecture, ils se traduisent par la répugnance plus
particulièrement ionienne qu'inspirent à l'artiste les
brusques contrastes, et par le goût des transitions
douces et coulantes. Les consonnances abondent dans
la musique architecturale des Grecs. Le *legato* y est
la règle : les grands écarts, les dissonances sont
presque inconnus. Les harmonies savantes et doulou-
reuses d'un Beethoven poursuivant une résolution toujours retardée cèdent la place aux courtes et simples
modulations que Cimarosa fait retomber à chaque
instant sur l'accord parfait.

Assis dans son palais, devant une table abondante,
l'Ionien parle ou écoute parler. Le goût le plus vif
qu'on puisse observer dans Homère, c'est celui de
joindre posément des phrases entre elles. Le libre
écoulement des idées dans une forme limpide produit
par lui-même une sorte d'ivresse, supérieure à toutes
les joies du mouvement et du succès. C'est affaire de
race; c'est aussi affaire d'éducation. Population toute
côtière, les Ioniens ont été les premiers agents de la
grande circulation maritime qui a mis en communication les différentes provinces de la Grèce. C'était
l'époque où chaque vallée, chaque rocher semé dans
la mer restait encore un foyer poétique distinct; chaque
petite ville avait sa gerbe de légendes qui gardait le
goût du terroir, en l'absence d'une culture uniforme
et générale. L'imagination en était pour ainsi dire à sa
période féodale; partout, elle se posait en souveraine;
elle battait monnaie à sa propre effigie. C'est donc

avec un charme presque inépuisable de variété et de nouveauté que le matelot, le pirate, le marchand, colportaient sur toutes les côtes les mystères, l'histoire, les mœurs de leur petit pays. A peine débarqués, on les interroge ; ils parlent, ils pérorent ; on les écoute avec curiosité ; l'amour-propre piqué ajoute un détail agréable, retranche un trait qui ne serait pas compris. Au retour même scène ; les citoyens sédentaires veulent apprendre de la bouche des voyageurs ce que ceux-ci ont vu et observé ; là encore, on fait des récits ; on les orne et les agrémente. Ainsi se développe avec une énergie prépondérante le personnage du conteur, du hâbleur, du menteur, qui ne sont que les trois degrés d'un même caractère et les frères de lait du poëte épique. Toute la littérature et l'art lui-même en portent la trace, même à une époque très-avancée de culture littéraire. A-t-on à écrire un traité de pédagogie princière, on en fait un roman ; c'est la *Cyropédie*. La philosophie, la politique, la morale, s'enseignent en dialogue, avec une jolie mise en scène où se mêlent l'ombre fraîche du platane, le chant des cigales, les eaux murmurantes de l'Ilissus. Les notes diplomatiques prennent, dans le grave Thucydide, la forme de discours prononcés. Dès l'origine, la statuaire, quand elle ne dresse pas des colosses à la manière de l'Orient, se plaît à traduire des anecdotes en groupes. C'est, par exemple, cette célèbre dispute du trépied si souvent reproduite : Hercule ayant enlevé le trépied ; Apollon le lui disputant avec Diane et Latone ; Athènè secondant Hercule. C'est Thésée prenant, sous une énorme pierre, l'épée et la chaussure qu'Égée y avait cachées pour lui. Plus tard, que devient la décoration du temple dorique entre les mains des Ioniens d'Athènes ? Une suite d'épisodes religieux, guerriers, familiers. On se rappelle dans Homère les phrases innombrables : « Ménélas » tue Scamandrius qui fuyait devant lui ; la lance s'en- » fonce dans le dos entre les deux épaules et ressort » par la poitrine »... « Mérion atteint Phériclus et lui » plonge son javelot dans la hanche droite ; la pointe » s'enfonce dans la vessie et ressort au-dessus de l'os. » Phériclus tombe sur ses genoux, etc... » Le sculpteur n'a fait que ciseler dans le marbre ces petits tableaux que débitait le rhapsode à la grande joie du public. En regardant les métopes du temple de Minerve, on croit lire le chant consacré aux exploits d'Agamemnon ou de Patrocle, et l'on saisit, dans une de ses consé- quences les plus frappantes, le tour anecdotique de l'imagination ionienne.

Conséquence plus décisive encore : sous l'in- fluence prolongée de cette vie et de ces habitudes, la matière même de la narration s'altère. L'Asiatique, immobile et silencieux au milieu de ses grandes plaines, approfondit chaque jour davantage le sens de ses mythes. Chez les Ioniens, libres entremetteurs des nombreux foyers de production poétique, ce sens s'é- vapore ; le *conte* perdrait de sa vivacité à contenir ce pesant secret ; on l'en allège. Insensiblement, tout prend, sur les lèvres du narrateur, une signification plus superficielle et plus prochaine ; le mythe devient fable, la légende devient roman, le symbole s'efface sous les licences que se donne le désir de plaire. Il est curieux d'entendre Hérodote parler des grandes religions naturalistes de l'Orient ; il n'y comprend rien ; il prend pour un bizarre trait de mœurs le culte tout symbolique de Mylitta ; il n'a pas l'air de voir que ces rites voluptueux figurent la puissance reproductrice de la nature. De même, il interprète comme des signes de la lâcheté des peuples vaincus, les nombreuses cteis que Sésostris fait élever le long de ses conquêtes. Ainsi un génie vif, curieux, anecdotique, façonne, pénètre, dénature jusqu'au fond tous les mythes créés par les premiers Grecs. Après les avoir colportés loin du paysage natal et inspirateur, il a toute liberté pour en changer la forme et le sens ; et il le fait en supprimant tout ce qui est profond, mystérieux, tout ce qui donne à l'esprit une attitude méditative. Il lui faut du mouvement, de la variété, des détails piquants, d'innombrables épisodes. C'est ce besoin nouveau, introduit surtout par les Ioniens navigateurs dans le type général du génie grec, qui gouverne désormais l'évolution des mythes, et qui les transforme dans le sens d'une beauté tout extérieure et d'une grâce légère, non sans détriment pour les idées métaphysiques qu'ils contenaient à l'origine.

Ce caractère complète l'esquisse si originale de cette race richement douée. Si haut qu'on remonte dans la suite des époques, les Ioniens apparaissent comme des sortes de contemplatifs, épicuriens et rhéteurs, dont la sensibilité ouverte, étalée, infatigable, n'est troublée qu'un instant par le besoin d'action, et se reprend à s'épanouir sans fin parmi des impressions superficielles, délicates, peu pénétrantes. De tout temps, il leur a manqué ce degré de concentration passionnée qui a été le trait distinctif de leurs rivaux, et qui est la source commune de l'activité héroïque et de la grande inspiration dans les arts. Cette concentration fait également défaut à leur esprit. Homère s'intéresse surtout au vaste déploiement des idées et des images ; il ne les fait pas rayonner autour d'une conception mère ; ses paysages n'ont pas ce point lumineux central qui donne unité et relief au moindre paysage de George Sand ; ils se déroulent comme une bande photographique en réfléchissant un fragment de la nature extérieure. De même, dans les discours, les idées enchaînées dans une sorte de série linéaire forment rarement un système et une hiérarchie. Le bavardage oiseux s'y étale avec complaisance, et recouvre la trame de l'argument de ses broderies légères. La faiblesse du ressort intérieur, intellectuel et moral, sous le joyeux épanouissement d'une sensibilité jeune, voilà le trait le plus saillant du génie ionien, tel qu'il a été représenté par Homère.

On pressent, d'après ce qui précède, la tendance qui prévaut dans les beaux-arts. Le goût de l'éclat domine en architecture, en l'absence des impressions concentrées qui permettent de goûter des beautés plus sobres. Quand on essaye de se figurer l'ornementation des palais de Ménélas et d'Alcinoüs, on se croirait volontiers en plein Orient ; et, en effet, l'art décoratif pratiqué dans Homère semble se rattacher à cette architecture à revêtements métalliques qui est l'œuvre propre des Phéniciens, hardis explorateurs des mines de la Norwége, du Cornouailles, de l'Espagne, de Thasos. Nulle part le corps de la construction n'apparaît ; l'or, l'argent, l'ivoire, l'ambre, l'acier bleu, re-

couvrent les portes, s'appliquent aux murs, s'étendent
sur les frises, si bien que le palais tout entier brille,
« comme les rayons du soleil et ceux de la lune. » Le
style ionien, mal défendu par une sensibilité complice,
a évidemment subi l'influence des races sémitiques,
alors en possession de tout le commerce méditerranéen ; par le ton général, l'architecture des poëmes
homériques est bien plus éloignée des formes que le
Parthénon a éternisées, que du temple de Jérusalem et
du palais de Khorsabad. Beaucoup plus tard, l'ordre
ionique des temps historiques porte encore la même
empreinte ; au fond, malgré le voisinage assainissant
du dorique, il trahit un certain défaut de consistance
dans la conception mère, une moindre rigueur dans
la déduction. La base avec ses bourrelets mous, le
chapiteau aux cornes de béliers, la frise continue, ornée d'animaux capricieux, montrent la prépondérance
des prédilections sensibles et le facile accueil fait aux
inventions les plus délicates de la fantaisie. L'Ionien se
montre ici, comme dans le reste, épicurien et prodigue ;
il est au Dorien ce qu'un architecte des débuts de la
Renaissance, avec son multiple et arbitraire étalage de
formes, est au sobre maître-ès-œuvre gothique du
XIIIᵉ siècle.

Le génie dorien est, presque sur tous les points, l'inverse du génie ionien. Jetés en petit nombre au milieu
de populations hostiles, les Doriens ne peuvent se conserver que par le combat quotidien, par la vigilance
sans trêve, par la supériorité du courage et de la discipline. Chaque homme est perdu s'il n'est à son rang,
ou si les autres quittent le leur. Le salut individuel se

confond ici avec le salut de la nation; l'idée de la patrie prend, de cette proximité de l'intérêt personnel,
un relief et une vigueur extraordinaires, qui bientôt
croissent sans mesure, par cette sorte d'accélération
propre aux passions qui sont une fois sorties de pair.
A Sparte, l'absorption de l'homme par la cité est complète ; on ne le conçoit plus que comme un organe
dans un vaste ensemble, qui devient le siége unique
des droits et l'objet des devoirs. Tout ce qui est individuel et tous les groupes voisins de l'individu disparaissent; le groupe total subsiste seul. Les sexes disparaissent; car la jeune fille est élevée comme le jeune
homme; au lieu de filer le lin, comme dans les autres
pays de la Grèce, elle se mêle, nue, aux exercices vi-
rils. La pudeur, les instincts sédentaires de la femme
cèdent à la nécessité politique d'avoir des mères fécondes, capables de fournir à la patrie des soldats robustes. L'autorité paternelle disparaît ; car, dès le bas
âge, l'enfant est livré à un magistrat, le *pédonome*, et
reçoit une éducation réglée uniformément par la loi ;
le père dépossédé n'a pas plus d'autorité sur son fils
que le premier citoyen venu. Le sentiment conjugal
disparaît; car le vieillard est tenu de choisir lui-même
un jeune amant à sa femme jeune, et les hommes
s'empruntent entre eux leurs épouses, comme on emprunte un bel étalon pour faire souche. La propriété
disparaît, car le partage égal des terres est la base du
système; l'absence de monnaie portative exclut le
commerce ; la vie en commun exclut le luxe ; les
chiens, les chevaux, sont indivis, et tout chasseur peut
puiser dans les armoires des maisons où il s'arrête ;

enfin, l'idée de la propriété est même si faible qu'on encourage le vol, apprentissage naturel de l'adresse et de la ruse. L'élan aventureux de la valeur personnelle disparaît, car une étroite discipline militaire ne fait qu'un homme de tout un bataillon. La physionomie individuelle disparaît, car tous les adolescents marchent dans la rue en silence, les mains sous leur robe, sans tourner la tête à droite ou à gauche, les yeux toujours fixés devant eux, et ne faisant pas plus de bruit que des statues (1). Il n'est pas jusqu'aux œuvres d'imagination où tout ne soit pareillement collectif. Telles la danse, la musique, la poésie. Le genre lyrique que les Spartiates créent en regard du lyrisme éolien n'a d'autre caractère distinctif que d'être choral et non individuel. Lacédémone n'est pas une cité; c'est une caserne, un couvent, un haras. La souveraineté du but ne laisse subsister que la masse sociale; pour lui donner plus de poids et de consistance, elle la compose de molécules homogènes et adhérentes; elle ajoute au poids la vitesse, en inaugurant la coutume et le goût du mouvement perpétuel et de l'action à outrance. Comme le dit si bien Bernhardy, tout prend à Sparte la forme *pratique*, et non la forme *poétique*. Le culte nu de l'effort, la manie du *drân* se dégage comme le dernier produit d'un patriotisme qui demeure seul sur les ruines de tout le reste. Sans doute cette organisation n'apparaît dans son type accompli qu'à Lacédémone. Les Spartiates représentent la race sous une forme extrême et excessive; ce sont pour ainsi dire

(1) Xénophon.

2.

les *puritains* du Dorisme. A côté de ces stériles *quakers*,
les Doriens de la côte orientale, plus voisins des Ioniens d'Asie Mineure, ont des institutions moins étroites et un génie plus tolérant. Néanmoins, le mouvement non interrompu et l'action en commun restent
un trait dominant et général. Aussi toute cette race si
bien douée perd-elle assez rapidement, en tout genre,
ce désir du *mieux* dont l'individu libre et contem-
platif est l'organe. Les ébauches sont nombreuses et
variées; mais elles restent des ébauches. A ne jeter
qu'un regard sommaire, la fécondité est admirable;
on voit les Doriens fournir par la Crète les premiers
statuaires, fonder à Sicyone la grande école de peinture, à Sparte la grande école de musique; inventer à
Argos et à Égine un système métrique et monétaire
particulier, créer à Corinthe la trirème pontée et l'industrie de la poterie peinte, inaugurer l'usage des
caissons, orner les frontons de terres cuites, enfin,
mettre au jour, en architecture, le style puissant et
fier auquel ils ont donné leur nom. Mais la plupart de
ces créations d'une forte originalité, devenues bientôt
stationnaires entre leurs mains, n'ont continué leur
évolution que par le secours des races ioniennes. Ils
commencent; c'est Athènes qui achève. C'est Athènes
qui a dégagé la tragédie de l'informe dithyrambe de
Corinthe et de Sicyone, c'est Athènes qui a fait sortir la
comédie de la farce mégarienne; c'est Athènes qui a
imprimé l'essor vers le divin et l'héroïque à l'idéal arrêté dans le type de l'athlète vulgaire par le canon de
Polyclète ou par la statuaire d'Égine. C'est Athènes enfin qui a donné dans le Parthénon sa forme définitive

au style dorique, devenu, dès le Vᵉ siècle, hésitant, conservateur et stérile chez les Doriens de la Sicile et de la grande Grèce.

Un spiritualisme austère pénètre d'ailleurs presque toutes les créations du génie Dorien. O. Muller, en lui rattachant Pythagore et la théorie des nombres, l'oppose au génie Ionien, si enclin aux systèmes matérialistes. Le même critique fait remarquer qu'il n'y a pas, avant le siècle de Solon, un seul caractère physique dans le culte du dieu des Doriens. Apollon n'est pas le soleil qui fait mûrir les moissons, mais le défenseur qui les protége. Leur Hercule est le dieu du travail et de l'effort. Ils l'adorent avec recueillement, et les autres Grecs leur reprochent la simplicité presque pauvre de leur culte. Leur imagination sobre s'oppose en effet au goût de l'éclat, si marqué chez les Ioniens. La coutume de la nudité, la proscription des métaux précieux indiquent une sévérité naturelle ou cherchée qui se retrouve également dans l'architecture. Rien de plus grave à son origine que le temple dorique, avec ses courtes colonnes sans base, son chapiteau évasé, son énorme entablement qui a jusqu'à trois septièmes de la hauteur totale, ses métopes lisses et nues, son fronton encore vide de terres cuites ou de marbres. Dans cet abus puissant de la matière, c'est par la justesse topique de tous les traits et par leur concours vers un même but que le Dorien cherche à produire une grande impression. Pas un caprice ne fait errer l'intelligence et ne dérive l'attention; tout est raisonné, calculé, approprié, combiné. On s'étonne sans doute de trouver ce riche ensemble d'idées et cet art de les grouper

entre elles chez le peuple qui a glorifié la sécheresse et
le style fragmentaire sous le nom de *laconisme*. Mais la
sobriété de parole des Doriens est plutôt voulue que naturelle ; elle vient de ce que tout se concentre chez eux
et fait ressort afin de produire une détente plus forte.
Quand Homère dit du roi de Sparte : « Prononçant des
mots isolés, à la hâte, avare de paroles, mais énergique, il n'exerce point une langue bavarde, mais sa parole
frappe avec certitude et sa noblesse fortifie son âme, »
il indique bien qu'il y a ici de l'abondance pressée et
ramassée, plutôt que l'indigence d'un esprit stérile ou
les intermittences d'un esprit égaré. Socrate disait que
la Crète et Lacédémone étaient les villes grecques qui
avaient la plus ancienne philosophie et le plus de sophistes ; «seulement ces derniers cachent leur science
» et feignent d'être ignorants ; si l'on parle avec le der-
» nier des Lacédémoniens, il paraît d'abord peu ha-
» bile dans la parole ; mais soudain il jette au mi-
» lieu de la conversation un mot remarquable, ra-
» pide et en se ramassant sur lui-même, comme un
» guerrier terrible qui lance le javelot. » On voit comment cette race silencieuse, à laquelle semble avoir
manqué la continuité féconde de la pensée et l'art des
beaux développements, a pu produire le style le plus
conséquent, le plus riche d'idées qu'il y ait en architecture. Sa pauvreté n'est qu'apparente ; son langage entre-
coupé cache un raisonnement suivi dont on ne voit que
les cimes. Sa brièveté n'est que la parcimonie invétérée
et croissante de l'homme qui, n'ayant rien perdu de ses
richesses, ne veut dépenser que pour un but digne de
son effort. Le temple dorique, avec sa logique profonde,

est l'œuvre de ce sophiste intérieur et masqué, deviné par Socrate dans le dernier des Lacédémoniens.

Ainsi, chaque race arrive avec son tribut; les uns apportent des sens éveillés et dispos, amis de l'éclat et de la richesse, qui voltigent à la surface des choses et butinent un peu au hasard sur les fleurs de la réalité. Les autres apportent la concentration de la passion et de la pensée : sur tous les traits brillants, délicats ,ornés qui se dispersent en sortant de l'imagination ionienne, ils resserrent le lien qui en fait un faisceau. Le génie des Doriens a eu sa période de fécondité ; toutefois leurs créations nombreuses, toujours arrêtées en deçà de la perfection, ont encore moins profité au génie grec que l'extraordinaire et vibrante *tension* qu'ils y ont introduite. L'effort, le *tonos*, voilà le présent d'un prix inestimable qu'ils ont fait à l'Hellénisme. C'est aux Ioniens qu'est revenu l'honneur d'achever toutes les œuvres de la puissante originalité dorienne, de les corriger de leur spiritualisme austère, de les réconcilier avec les sens, de les fondre harmonieusement dans la réalité, de rendre la vie et la plasticité à des conceptions non moins sèches que puissantes et comme cristallisées en naissant. Le rôle d'Athènes est tout entier dans cette œuvre de conciliation et d'achèvement. Depuis le drame d'Eschyle jusqu'à la sculpture de Phidias, depuis les chroniques de Xénophon jusqu'aux dialogues de Platon, tout porte la double empreinte du *tonos* dorien et de l'abondante sensualité ionienne. Sans aucune recherche de l'antithèse piquante, on peut dire que la majesté et la grâce, la rigueur et l'abandon, la sobriété et la richesse d'effet sont également sensibles dans un édifice comme le Parthénon.

Tel est en quelque sorte le champ géographique et ethnographique de la civilisation grecque. Dans ce milieu il nous reste à suivre, à travers l'histoire, les grands faits excitateurs qui ont déterminé et accéléré le mouvement de l'art.

III

LES FAITS EXCITATEURS

—

Le premier est l'immense mouvement de colonisation qui commence vers 750. A cette époque, une dé-
couverte décisive imprime l'impulsion la plus énergique à l'esprit voyageur des Grecs. La trirème est
trouvée au VIIIᵉ siècle par les Corinthiens. Elle contient beaucoup plus d'hommes ; elle résiste mieux à la
mer. De 750 à 680 d'innombrables vaisseaux, partis de
la Grèce et des côtes de l'Asie Mineure, voguent vers
l'Italie et la Sicile. Naxos, Syracuse, Mégare Hy-
blaenne, Zanclé (Messine), Gela, Sybaris, Crotone,
Rhegium, Tarente, sont fondées. Ces villes en fondent
d'autres à leur tour sur les mêmes côtes. De 630 à 600
Cyrène s'élève sur la côte lybique ; Marseille au sud de
la Gaule. L'Égypte s'ouvre au commerce grec en 656.
Les colonies éoliennes, ioniennes et doriennes de
l'Asie Mineure, créées antérieurement à 776, colonisent
à la même époque la Thrace et le Pont Euxin. Milet
compte à elle seule de 75 à 80 cités formées d'émi-
grants milésiens. Cymé, Ténédos, Lesbos, en ont 30 qui

les avouent pour métropoles. De hardis groupes d'a-
venturiers vont, suivant le mot heureux de Cicéron,
« coudre une bordure grecque à tous les territoires
barbares ». Les colonies grecques ne restent pas d'ailleurs de simples comptoirs et des lieux de relâche,
tels que les voulaient les Phéniciens. Elles étendent
leur empire sur les contrées avoisinantes. C'est ainsi
que Milet s'agrandit aux dépens des Lydiens. Le territoire de Sybaris traverse l'Italie d'une mer à l'autre. Il
en est de même de celui de Crotone. En soixante-dix
ans le champ d'action et de réaction de l'esprit grec,
limité autrefois à la mer Égée, s'étend à tout le bassin
méditerranéen. Une circulation vaste et active des
idées et des hommes remplace le timide va-et-vient
entre l'Asie Mineure et les côtes orientales de la
Grèce. La première carte géographique, celle d'Anaxi-
mandre, dressée vers 600, représente cette enceinte
agrandie.

Un prodigieux accroissement de la richesse et du
loisir suit cet actif mouvement de colonisation. Selon
toute apparence, le viiie siècle a été la date d'une
grande révolution économique en Grèce; non-seulement les ressources se sont accrues, mais elles se sont
accrues brusquement, ce qui est la *condition* de toute
influence décisive exercée par la richesse sur l'évolution et les mœurs d'un peuple. La fertilité de l'Italie
méridionale est extraordinaire; la Sicile, l'Afrique,
ont été longtemps les greniers de Rome. Des mines à
fleur de terre se prêtent partout à l'exploitation; les
Grecs remplacent les Phéniciens dans ce travail fruc-
tueux. L'industrie se développe à la suite du commerce,

afin de fournir le fret aux navires exportateurs. La
production et la consommation n'augmentent pas seulement, elles se multiplient dans une proportion extraordinaire. Deux échelles métriques et monétaires,
empruntées peut-être à l'Asie, mais hellénisées vers
cette même époque, indiquent un immense mouvement d'échange qui fait entrer dans la circulation une
infinité de richesses naturelles jusque-là négligées, et
amène sur tous les points les moyens de jouissance et
de bien-être.

On pressent l'influence de cet ordre de faits sur le
développement des arts. L'homme courbé sur le travail quotidien d'où il attend sa subsistance, ne peut
cultiver en lui-même le sentiment de la beauté. S'il
relève la tête, c'est pour respirer à l'aise, et alors l'é-
bauche la plus élémentaire satisfait ces sens déjà eni-
vrés d'une liberté et d'un repos longtemps attendus.
Si l'excès de loisir engendre l'afféterie, le manque de
loisir, en empêchant l'homme de se recueillir dans sa
sensation, exclut même ce minimum de raffinement
par lequel il échappe à la grossièreté primitive et cesse
d'être content de peu. La création d'une classe d'oisifs,
par l'accumulation des moyens de vivre et de jouir,
est donc la première condition d'un développement
marqué dans les arts. En ce sens l'immense mouvement de production, d'échange et d'enrichissement
qui a suivi la colonisation du viiiᵉ siècle annonçait
presque certainement la naissance d'un goût vif pour
la beauté. C'est ainsi que Venise, Florence et Gênes,
centres de tout le commerce méditerranéen au moyen
âge ; Rome, richement entretenue par les tributs du

monde entier, ont, par leur opulence sans exemple,
préparé le sol pour l'éclosion d'une peinture et d'une
sculpture supérieures. Le jour où, au commencement
du xvie siècle, des personnes d'un rang relativement
inférieur furent obligées d'agrandir pour leur usage
la maison de Caracciolo, grand sénéchal et favori de
Jeanne II, on aurait pu prédire que le besoin de sentir
et de jouir, dégagé et mis à l'aise par l'abondance des
ressources, allait prendre une intensité extrême, et
qu'un grand art ne tarderait pas à naître, si le génie de
la race ne s'y refusait pas.

De là résulte la curieuse distribution géographique
des œuvres, telle que l'observe l'archéologue. Les
colonies ont devancé la mère-patrie dans l'acquisition
de la richesse et du loisir. La Grèce proprement dite
est un pays pauvre : « l'indigence, dit Hérodote, est la
sœur de lait de notre pays ». Quand Homère fait un
pompeux étalage du luxe d'Alcinoüs et d'Ulysse, il
rapporte sans doute à l'Hellade, et au siècle de la
guerre de Troie, les magnificences qu'il avait sous les
yeux, de son temps, sur les côtes de l'Asie Mineure.
Au viie et même au vi^e siècle, il n'y a aucune comparaison à faire entre une ville comme Sybaris et une
ville comme Argos ou Athènes. Le faste des Sybarites
est resté proverbial, et l'on sait que l'un d'eux, allant se
marier en Grèce, amena avec lui une suite de mille
personnes, cuisiniers, oiseleurs, pêcheurs, etc. Les
petits États de la mère patrie ne pouvaient rivaliser
avec de vastes empires comme celui de Crotone, dont
le territoire prodigieusement fertile traversait continûment la Péninsule d'une mer à l'autre, ou comme

celui de Milet qui s'étendait sur une partie de la Lydie. Les îles seules entrent d'abord dans le courant, et les noms des échelles monétaires (euboïques et æginéennes) indiquent, par les noms mêmes des pays auxquels ils sont empruntés, que le continent grec proprement dit reste à peu près étranger au premier développement du commerce. Aussi n'est-ce pas dans l'Hellade tardive et dénuée qu'il faut chercher les grands édifices du vi^e siècle. Le Jupiter Olympien de Pisistrate était sans doute d'une dimension beaucoup moindre que celle qu'il prit entre les mains d'Antiochus et d'Adrien. Le temple de *Delphes* ne put être reconstruit que grâce à des libéralités mendiées jusqu'en Égypte, et il fallut plus de trente ans pour l'achever (512). Les monuments considérables de l'époque sont presque tous en Asie Mineure ou en Italie; en Asie Mineure, où Hérodote signale comme les deux plus grands édifices de son temps l'Artemisium d'Éphèse et l'Herœum de Samos; dans la Grande-Grèce, où les temples de Syracuse, quatre des temples de Sélinonte, trois des temples de Pœstum sont du vi^e siècle. Au siècle suivant, au contraire, tout a changé; plusieurs des colonies italiques déclinent de 550 à 500 par leurs dissensions ou sous l'effort des habitants de l'intérieur des terres; celles de la Sicile sont menacées par les Carthaginois; de 600 à 540, celles de l'Asie Mineure sont subjuguées par les Lydiens, puis par les Perses. C'est à l'Hellade proprement dite que fait alors retour le commerce méditerranéen, enlevé dans le principe à la marine phénicienne; elle puise seule à son tour à cette grande source de prospérité; la richesse, le loisir, se répandent dans la Péninsule ; ils stimulent le goût des beaux-arts. On voit paraître cette première génération de marchands parvenus et d'industriels enrichis qui précèdent, en tout temps et en tout lieu, la génération des grands architectes, des grands peintres, et des grands sculpteurs. C'est le vᵉ siècle qui verra s'élever le Parthénon, les Propylées, l'Érechtéon, l'Odéon, le temple d'Éleusis, le temple de Phigalie. Avec le centre de gravité économique, semble s'être déplacé le centre de gravité des beaux-arts.

Une coutume très-ancienne en Grèce, et destinée à s'y développer avec les siècles, agit dans le même sens que l'accroissement de la richesse : je veux parler de l'esclavage. Cette grande injustice a été, dans l'antiquité, la condition de toute haute culture. Un instinct plus large et plus élevé de l'humanité (s'il n'était pas vain de supposer qu'un tel instinct eût pu naître à cette époque), aurait certainement retardé de plusieurs siècles le moment où les facultés ont pu être dégagées du stérile labeur de la conservation, et appliquées à des œuvres supérieures. Suivant Timée, deux tribus grecques ont échappé à la pratique de l'esclavage : ce sont les Locriens et les Phokiens ; chez eux tout le travail était confié aux hommes libres. Aussi ces peuplades ont-elles été sans influence sur la civilisation nationale, et l'on peut, sans créer une lacune, les omettre dans l'histoire du génie hellénique. Tous les États doriens ont pratiqué l'esclavage sur une large échelle ; on se souvient des Ilotes de Sparte. A Athènes et à Corinthe, les hommes libres n'étaient point déshonorés comme dans la Grèce dorienne par les professions autres que celles des armes. Solon avait même enjoint par une loi, à ses concitoyens, de savoir et d'exercer un métier. Néanmoins les 400 000 esclaves de l'Attique, dont 107 000 à Athènes même sur une population de 192 000, les 300, 500, 1000 esclaves qu'un seul propriétaire d'hommes louait une obole par jour et par tête dans les mines de Laurcion, révèlent les vastes proportions qu'avait prises la servitude, dans la ville de Minerve, et les loisirs que ce travail gratuit devait procurer à un grand nombre de citoyens. Au fond, il ne fallait pas moins qu'un tel *appoint* pour rendre possible une large dérivation du courant intellectuel vers les beaux-arts. Si Athènes avait ressemblé à l'idéal égalitaire que les révolutionnaires de 89 s'étaient fait des républiques antiques, il n'y aurait pas eu de Parthénon.

Un troisième fait a définitivement condensé l'atmosphère où devait fleurir l'art: c'est la généralisation de la vie urbaine. Dès l'origine, Homère note l'énergique sociabilité de la race. Quand il veut montrer à quel point les Cyclopes sont étrangers à l'esprit hellénique, il n'a besoin que d'un mot : « *Ils n'ont pas d'assemblées!* » *N'avoir pas d'assemblées*, c'était pour les Grecs ce que serait pour nous manquer d'une police ; et le scandale que fait cette vie anachorétique mesure l'intensité du besoin de se réunir et de discourir, considéré par les Grecs comme l'attribut distinctif des peuples civilisés. L'accroissement de la richesse précipite le courant ; autour des opulents loueurs d'esclaves, des fermiers d'entreprises publiques, des mar-

chands dont la fortune commence à faire figure, des
propriétaires attirés de leur domaine rural par le désir
de prendre rang dans ce nouveau personnel, se grou-
pent les industries subalternes, qui vivent sur les plai-
sirs des riches. Bientôt on ne conçoit plus de vie en-
viable que celle qu'on passe au sein de cette population
déjà compacte, où affluent toutes les ressources, où la
variété et l'activité sont extrêmes. Une attraction irrésistible entraîne dans l'orbite de l'existence urbaine
tout ce qui l'avoisine. On voit, avec Théognis, entrer à
Mégare et devenir citoyens « ces gens qui erraient autrefois dans la campagne, couverts de peaux de bique
et ignorant les sanctions et les lois ». Tandis que « les
hommes au manteau de laine, les hommes à la massue,
les pieds poudreux, » noms divers sous lesquels on
désigne les villageois, franchissent l'enceinte d'un côté,
les marins l'envahissent de l'autre. L'histoire d'Athènes
se résume dans la lutte et le triomphe de la « populace
nautique » (mot d'Euripide et d'Aristote) sur les anciennes familles, du Pirée sur la vieille ville, transformée par une immigration continuelle. De toutes parts,
du VIIIe au VIe siècle, des agglomérations de citoyens
succèdent aux clans de paysans ; la vie urbaine remplace d'une manière générale la vie patriarcale.

Le symbole de cette transformation sociale est le
développement de la ville, caractérisée par son enceinte, ses rues, sa place publique. A ne consulter
qu'Homère, il semble qu'il y ait eu des villes dès l'origine en Grèce ; ces villes contenaient des palais, des
maisons, des temples, une place publique pavée devant le temple principal. Telle Ilion ou la ville des

Phéaciens. Parfois un port et des quais. La ville était un marché ; les cultivateurs venaient y chercher du fer, quand le maître n'en avait pas chez lui. Elle était ceinte de murs crénelés, que précédaient un fossé et où s'ouvraient des portes profondes à plate-forme, réunies probablement par un chemin de ronde. Quoique le témoignage d'Homère touchant la Grèce continentale ne doive être compté que pour l'Asie Mineure de son temps, les ruines de Tirynthe et de Mycènes confirment d'une manière sommaire les assertions du poëte. Toutefois, on est tenté de penser que ces villes répondaient rarement au *type urbain* complet, et qu'elles n'étaient le plus souvent que des refuges dominant les habitations disséminées dans la campagne. La petitesse des ruines de Mycènes et des cités des temps héroïques, attestée par Thucydide, confirme cette induction. Dans tous les cas, si de vraies villes ont existé pendant la période achéenne ou homérique, elles n'ont probablement pas augmenté de nombre et d'importance dans les premiers temps qui ont suivi l'invasion dorienne. Même à la fin du ve siècle, Thucydide observe que les Étoliens vivent encore dans des hameaux séparés. C'est aussi la coutume des Locriens. La dorienne Sparte, au temps de sa plus grande puissance, ne fut jamais que l'ensemble de cinq villages ouverts, défendus seulement par la position inaccessible du lieu ; c'était d'ailleurs un camp toujours en éveil ; on y dédaignait de se protéger par des murailles. Mégare n'était pareillement que l'une des cinq bourgades séparées qui, plus tard, s'annexèrent l'une à l'autre sous le même nom. Ce n'est guère qu'au moment de la colonisation du VIIIᵉ siècle que reparaît d'une manière décidée le goût de la vie urbaine, et ce sont en effet les colonies qui donnent l'exemple sur une grande échelle. Sybaris a 9 kil. 1/2 de murs d'enceinte, Crotone 19, Syracuse 22. Bientôt la *ville* devient le symbole et le symptôme d'une civilisation supérieure et d'une haute culture. On dédaigne comme inférieures les peuplades qui vivent dans des bourgades (kata kômas), et cette raison est celle qui décide les Lacédémoniens vainqueurs à ne pas confier à d'autres qu'aux Éléens, leurs ennemis, l'intendance des jeux d'Olympie ; de simples « villageois » leur paraissaient indignes de cette fonction sacrée. Dans toutes les provinces les hameaux tendent à se réunir et à faire masse ; c'est ainsi qu'en Achaïe, Patras se forme d'un agrégat de sept villages, Dyme de huit, Aégion de sept ou huit. La grande punition que les vainqueurs infligent aux vaincus, ou les conquérants aux sujets rebelles, c'est la dislocation de leurs villes et la dispersion des citoyens dans des villages séparés. L'histoire grecque offre une suite innombrable de *désurbanisations* de ce genre ; elles équivalaient à une sorte de dégradation politique. C'était quelque chose d'analogue à ce que les Anglais appellent le *disfranchisement* d'un *bourg* ; tant la vie urbaine semblait avoir de prix et d'importance !

C'était à juste titre ; les conséquences de cette nouvelle distribution de la matière sociale sont décisives. Premièrement, au grand public disséminé que le poète seul pouvait atteindre, succède le public local et immédiat auquel peuvent s'adresser les autres arts. D'autre

part, cette vie resserrée produit, non plus seulement
l'importation et l'exportation des idées, telles qu'elles
résultaient depuis longtemps d'un vaste commerce intérieur, mais l'échange quotidien, le choc vivant et fécond des opinions, le dialogue précipité et stimulant,
la critique sans cesse avivée par l'objection voisine,
élargie et rehaussée par l'enthousiasme collectif environnant. Car, si le scepticisme est le fruit amer de la vie
urbaine, l'enthousiasme, avec ses multiples et rapides
courants, en est le fruit plein de séve et de fraîcheur.
1 mètre ou 50 mètres de distance d'une habitation à
l'autre décident de la puissance des grands frissons
populaires, de la rapidité des contagions, du prestige
et de l'effet de masse de ces puissantes démonstrations
qui manifestent le sentiment commun. Pour que les
grands concerts d'opinion se forment, et surtout pour
que l'artiste les voie avec ses yeux, les entende avec ses
oreilles, pour qu'il soit comme pénétré et entraîné par
cette pression sympathique qui s'exerce sur lui de toutes
parts, il faut l'agglomération urbaine avec ses contacts
féconds, ses frôlements et ses chocs de toutes les heures, ses tourbillons et ses remous aboutissant par intervalles à un irrésistible mouvement de l'ensemble dans
un même sens.

La vie urbaine a plus qu'une simple vertu stimulante
et fécondante ; elle détermine et rédige, pour ainsi dire,
la plupart des grands programmes qui se posent devant l'architecte. Tant d'hommes ne se trouvent pas
rassemblés sans que de leurs rapports naissent, avec
des passions et des besoins nouveaux, des types moraux
inconnus aux sociétés dispersées, et ces types produi-

sent à leur tour autant de formes artistiques correspon-
dantes. Tous ces égoïsmes contigus qui se touchent en
quelque sorte du coude, ne peuvent rester juxtaposés
que grâce à des compromis successifs, obtenus par la
discussion, fertiles en discussions nouvelles. L'éloquence, ayant pour juge la volonté populaire, se fait
une scène propre; elle dégage l'*agora* au centre de la
ville, elle élève la *tribune* au centre de l'agora. Les récitations du poëme épique, les libres propos des fêtes
rustiques de Bacchus s'unissent et se fondent sous une
forme caractérisée, le *drame*, et le drame à son tour crée
le *théâtre*, comme la fonction crée spontanément son
organe. L'éducation des enfants, devenue extraordinairement riche et complexe, élevée au rang d'une affaire
d'État, se ménage un édifice approprié dans le *gymnase*.
Les exercices du corps, les courses de chars, glorifiés
par les fêtes nationales, se déploient dans le *Stade* et
dans l'*Hippodrome*. A la petite idole privée, à la cha-
pelle taillée par l'habitant des campagnes dans le creux
d'un chêne, succède le *Temple*, à la fois trésor, cabinet
d'archives, symbole et centre du culte national. « N'a-
voir point de ville, dit quelque part Pausanias, c'est
n'avoir ni citadelle, ni agora, ni gymnase, ni théâtre,
ni fontaine publique. » Le touriste grec dresse ainsi,
d'une manière approximative, la liste des types nouveaux que devait produire une vie sociale concentrée
dans l'enceinte d'une même cité.

IV

L'APOGÉE

L'énergie du sentiment national, dans chacun des États helléniques, l'abondance des richesses, la forte constitution de la cité, tels sont les trois éléments, très-déterminés et largement efficaces, qu'on voit en action pendant tout le vi^e siècle. Au commencement du ve siècle, un grand événement, sans introduire d'autres caractères, porte jusqu'à leur plus haute puissance ceux qu'on vient de signaler. Le patriotisme, l'opulence, la vie urbaine, se développent pour ainsi dire jusqu'à l'extrême, et précipitent l'épanouissement des beaux-arts.

Depuis près d'un siècle déjà, la Grèce continentale semblait groupée autour de Sparte : c'est à cette ville que Crésus s'adresse comme à l'État *président* de la confédération hellénique. C'est elle qui règle les différends des Mégariens et des Athéniens, qui convoque ses alliés en convention en vue de rétablir Hippias à Athènes, etc... Mais les liens étaient encore faibles; la cité dorienne exerçait le prestige de sa puissance,

de ses mœurs extraordinaires, de son aptitude au com-
mandement ; mais le grand enthousiasme pour la patrie commune n'était pas né. Il ne fallait pas moins que
la pression d'un grand danger pour produire, entre
tous ces États en discorde, la contraction puissante et
comme la brusque prise en masse du sentiment panhellénique. La grande idée que le premier choc de la
Grèce et de l'Asie avait fait entrevoir à Homère, et
qu'il exprime par le mot significatif *Panachéens*, l'agres-
sion de Darius et de Xerxès contre la Grèce continentale la dégage pleinement en 490 (1). Pour la première
fois, l'Hellénisme vibre tout entier comme un métal
homogène. En devenant (pour un temps trop court) le
grand principe de passion, le patriotisme collectif cherche instinctivement un autre organe que l'État dorien,
égoïste et conservateur. A une date précise, en 476, il
se fixe sur Athènes, devenue à son tour le président de
la confédération et le chef de la guerre contre les
Perses. Une activité prodigieuse, d'éclatants succès ser-
vent à la fois de mobile et de justification à cette préférence. Ils excitent, à un degré extraordinaire, l'âme
du peuple appelé à cette haute fonction. Tout y est
vie, chaleur, orgueil, ambition sublime, vaste généro-
sité, infatigable espérance. C'est, en quelque sorte, la
température du grand art ; car les œuvres supérieures
en ce genre sont faites avec l'excès de chaleur non dé-
pensé par les nobles actions, et c'est au soleil couchant
d'un jour héroïque que s'épanouissent les grandes

---

(1) « Ce n'est que depuis les guerres Médiques », disait Aristote,
« que les Grecs ont cultivé la sagesse et la vertu. »

efflorescences poétiques et monumentales. Le jour où
les Athéniens condamnaient à l'amende Phrynicus, auteur d'une pièce sur la prise de Milet, pour avoir représenté sur la scène « un malheur de famille », l'âme
populaire était mûre pour les plus hautes beautés de
l'art. A proprement parler, les mythes antiques sur
lesquels s'exerçait l'esprit du poëte ou du peintre, n'é-
taient qu'une matière et une forme ; le souffle, la vie,
le bouillonnement, venaient de l'orgueil d'une gloire
récente, du jeune patriotisme sans cesse stimulé
par la guerre contre les Perses. Sous la figure des Lapithes et des Centaures, c'étaient les héros de Marathon, de Salamine ou de Mycale que le ciseau du
statuaire refouillait dans le marbre, avec la verve in-
comparable et le relief poignant qu'imprime aux œuvres
une réalité vivante et prochaine.

On a vu l'influence de la ville sur le développement
de certaines formes de l'art. A partir de 476, la vie
urbaine atteint sa plus haute expression par la constitution d'une chose jusque-là inconnue en Grèce, une
capitale. Dès l'époque de Thémistocle une loi avait,
pendant un temps, dispensé les étrangers établis à
Athènes de l'impôt qu'ils payaient dans toute ville
grecque, en échange du droit de résidence. De là un
rapide accroissement de population. Quand Athènes a
acquis l'hégémonie de tout l'hellénisme voisin de la
mer Egée, elle ne tarde pas à transporter dans ses
murs, avec le trésor de Délos, la direction des affaires
de la confédération ; elle oblige ses alliés et ses sujets
à venir faire juger leurs contestations par ses tribu-
naux ; elle crée des fêtes magnifiques auxquelles ils

viennent prendre part, comme nos provinciaux d'aujourd'hui viennent assister aux solennités périodiques
de la capitale. Les confédérés aimant mieux payer
leur contribution en argent qu'en hommes ou en vaisseaux, Athènes se charge, moyennant subside, d'équiper la plus grande partie de la flotte, et par là elle
attire une immense population de marins; ils s'établissent au Pirée, que les longs murs enserrent dans une
même enceinte avec la vieille ville. Des magistratures
nouvelles sont fondées pour maintenir l'ordre dans
cette multitude turbulente. Ce sont les conseils des
astynomi et des agoranomi, et les sitophylakes, préposés les uns aux poids et mesures, les autres à la
vente du blé. Les attributions du *polémarque* changent;
chef militaire des dix stratéges à la bataille de Marathon, il devient le juge civil des *métoeques* (1); le commerce l'enlève à la guerre. Rien que dans Athènes
proprement dite, 192 000 habitants forment un public
extraordinaire par le nombre et non moins nouveau
dans le monde par la hauteur de ses préoccupations.
Ce ne sont plus, en effet, les affaires d'un petit État
qui le passionnent; ce sont les affaires de la Grèce entière; et ce fécond et perpétuel souci n'est pas celui
d'un seul homme, ou de quelques-uns; il est présent
dans l'esprit de tous les citoyens. Chacun, en effet,
est appelé à donner directement son avis et son vote
dans les discussions de l'assemblée politique. Aujourd'hui il n'y a pas seulement centralisation de la province à la capitale; il y a centralisation de la masse

(1) C'est-à-dire les étrangers domiciliés.

populaire à une minorité de délégués. A Athènes, la
grandeur des intérêts généraux agissait individuelle-
ment sur chaque homme; l'assemblée primaire des
charbonniers d'Acharnes, des charpentiers, des fou-
lons, des lampistes, des tanneurs, avait la foi, l'orgueil,
l'énergie d'une convention souveraine chargée de
pourvoir à la sûreté d'un grand empire. Les flammes
du cœur remontent jusqu'à l'esprit qu'elles éclairent.
Nul peuple n'a eu, au même degré, la sagacité et la
finesse jointes à l'enthousiasme. Les Athéniens du
ve siècle étaient le plus admirable public qui ait jamais
inspiré, guidé, stimulé l'artiste.

Enfin, de même que le sentiment national et la vie
urbaine, la richesse prend à Athènes des proportions
inconnues jusqu'alors. D'une part, le commerce s'est
accru, des industries locales se sont fondées. Athènes
fournit le monde méditerranéen d'huile, de figues, de
miel, de poteries élégantes; elle exporte ses marbres;
elle est d'ailleurs l'entrepôt de la Grèce. « Où s'adresse-
raient plus utilement qu'à Athènes, dit Xénophon,
ceux qui veulent acheter ou vendre promptement
beaucoup d'objets? » Les mines du Laurium, avec leur
argent d'un titre si pur, font de la ville de Minerve
l'hôtel des monnaies de la Grèce. Elle a des mines d'or
en Thrace, le cuivre et le fer de l'Eubée; elle possède
Thasos. Mais sa principale source de richesse est le
revenu que forment les contributions des confédérés.
Ce revenu, qui était à l'origine de 460 talents (soit
2 650 000 fr.), s'élève rapidement à 600 (3 millions et
demi) et même davantage. Le budget annuel total est
de 1000 talents (5 750 000 fr.). De telles recettes étaient

notablement supérieures aux besoins ; car la vertu d'acquisition de l'argent était évidemment bien plus grande qu'aujourd'hui. Aussi, l'épargne avait-elle atteint au temps de Périclès la somme énorme de 9700 talents en monnaie, plus environ 1200 talents en métaux non monnayés. Lui-même nous apprend qu'en 431, environ 3000 talents, c'est-à-dire l'actif de trois budgets, avaient déjà été dépensés en constructions qui n'étaient autres que l'Odéon, le Parthénon, les Propylées, une partie de l'Erechtéion et du temple d'Eleusis. On voit, par ce témoignage, dans quelle proportion les beaux-arts profitaient du superflu budgétaire. Périclès avouait d'ailleurs, avec franchise, la largeur de ses doctrines touchant l'emploi de l'argent des contribuables, et son adhésion aux expédients du socialisme démocratique ; or nous savons, par expérience, combien une pratique fondée sur de tels principes est favorable au grand développement des travaux publics. Il disait que les tributs des confédérés « une fois payés, n'appartenaient plus à ceux qui les livraient, mais à ceux qui les avaient reçus, et que ces derniers n'étaient tenus qu'à remplir les conditions qu'ils s'imposaient en les recevant ». Ainsi, la ville une fois pourvue de tous les moyens de défense et de toutes les ressources de guerre, on pouvait employer le reste à des embellissements. « Ceux que leur âge et leur force appellent à la profession des armes, ajoutait-il, reçoivent de l'État une solde qui suffit à leur entretien. J'ai donc voulu que la classe du peuple qui ne fait pas le service militaire et qui vit de son travail, eût aussi part à cette distribution des deniers

publics; mais afin qu'elle ne devînt pas le prix de la
paresse et de l'oisiveté, j'ai employé ces citoyens à la
construction de grands édifices où les arts de toute
espèce trouveront à s'occuper longtemps. » Le chan-
tier du Parthénon et des Propylées était ainsi un analogue de nos ateliers nationaux, mais sur une échelle
bien autrement vaste, puisque le tiers de l'épargne
nationale y passait en quelques années. C'était toute
la verve et toute la prodigalité de l'*Haussmanisme*,
mais d'un Haussmanisme servi par des moyens énormes, rehaussé et soutenu par un patriotisme vivace,
éclairé et tempéré par tous les dons d'un admirable
génie naturel.

Tel est, vers 450, l'état du *public* . Favorable au progrès des beaux-arts, il ne l'est pas moins à la liberté, à
la sécurité, à la fierté de l'artiste. La condition sociale
du poëte, du peintre et du sculpteur prend en Grèce un
caractère nouveau, inconnu à l'Orient. On sait que
l'enthousiasme pour les beaux-arts et l'estime pour leurs
représentants sont aussi anciens que l'esprit grec.
« Muse, s'écrie Homère, chante l'ingénieux Vulcain ;
avec Minerve, il enseigne aux hommes les nobles travaux. » Qui ne se rappelle le cri d'admiration du
vieux poëte pour l'immortalité des œuvres d'art, pour
ces chiens d'or du palais d'Alcinoüs, exempts de mort
et de vieillesse ! Ulysse rabote, cloue, construit sans
honte de ses propres mains ; la légende fait de Dédale
le rejeton d'une race royale. Dans les temps historiques, il n'y a pas d'exemple d'un esclave pratiquant la
peinture ou la sculpture ; la *toreutique* n'était permise
qu'aux hommes libres. Ainsi l'artiste n'est pas un cap-

tif ou un artisan innommé, comme en Orient ; il n'est
pas non plus un instrument sacerdotal, dépendant
d'une caste, enchaîné à une tradition immuable, in-
terné obscurément dans le lieu où il a commencé à
vivre. Si Rhœcus et Malas, à Chio, offrent des espèces
de dynasties domestiques, à procédés fixes, qui ressemblent à des corporations fermées et sédentaires,
c'est qu'ils touchent à l'Asie ; d'ailleurs, ils apparticn-
nent encore au VIIᵉ siècle ; bientôt apparaissent l'école
ouverte, l'artiste indépendant et voyageur, le développement libre et progressif des procédés. L'école ouverte : car Polyclète à Argos, Phidias à Athènes avaient
de véritables ateliers ; on nomme leurs élèves. L'Éphé-
sien Apelle, le Macédonien Pamphile vont ensemble
étudier la peinture à Sicyone. La collaboration d'artistes de pays différents est d'ailleurs très-fréquente ;
Simon d'Égine et Denys d'Argos, par exemple, font
ensemble un *anathema* pour Olympie. — L'artiste indépendant et voyageur : car on voit Théodore de Samos
appelé à Éphèse pour construire le temple de Diane, à
Lemnos pour le Labyrinthe, à Sparte pour l'édifice
appelé Skias. Phidias se montre à Athènes, à Phliontc,
à Olympie. — Le développement libre et progressif des
procédés : l'évolution en ce genre est vaste et rapide.
Le travail des métaux en repoussé existait seul au
temps d'Homère. La fonte en forme est trouvée par
Rhœcus (640); la soudure par Glaucus de Chio (616-
500). Le système de la voûte à voussoir et à clef est
dégagé par Démocrite, qui fixe, avec Anaxagore, la
théorie de la scénographie, c'est-à-dire de la perspective théâtrale. Dans la première ivresse qui causent

des arts en possession d'une telle richesse de moyens, on fait de l'artiste un des personnages les plus importants de la société et de l'État. Chio, dit une épigramme, n'est pas célèbre seulement par ses vignes, mais par les œuvres des fils d'Anthermus ; c'étaient des sculpteurs en marbre. L'oracle force Sicyone à rappeler d'exil et à combler d'honneurs Dipænus et Scyllis. A Athènes, Phidias est ami de Périclès et reçoit chez lui les grandes dames d'Athènes. Phocion, premier citoyen de la république, était le beau-frère du statuaire Cephisodote. Des gains énormes, accumulés dans leurs mains, leur permettaient de mener le train le plus magnifique. Le peintre Parrhasius, l'architecte Hippodamus, portaient des costumes somptueux dont la description nous a été laissée, et ce dernier était assez riche pour faire don au public d'une maison qu'il avait au Pirée. Les commandes pour les édifices publics et le choix des projets ne se faisaient pas dans un bureau. Chaque architecte apportait son plan et son devis et le défendait lui-même au théâtre, devant le peuple assemblé. Au théâtre aussi se rendaient les comptes, et Philon, à Athènes, acquit une grande réputation pour l'avoir fait avec éloquence ; souvent, à Éphèse par exemple, l'architecte était responsable sur ses biens; il les consignait, et si la dépense dépassait de plus d'un quart le devis, le surplus était pris sur le cautionnement déposé. Parfois aussi l'architecte était en même temps un spéculateur, et on le payait de la construction d'un théâtre en lui abandonnant une partie aliquote du droit d'entrée. La complexité des rôles, artiste, comptable, administrateur, spéculateur, homme d'af-

faires et homme du monde, la variété des aptitudes
nécessaires, la hauteur de la situation sociale, le grand
prix des récompenses, un génie affranchi des chaînes
de la corporation par le libre choix de l'atelier, des
préjugés d'école par le grand nombre des écoles, des
superstitions traditionnelles par le prodigieux mouvement critique environnant, conservant encore, toutefois, la gravité et l'application soigneuse des vieux corps
de métier ; autour de l'artiste un public ardent, remuant,
généreux, riche de loisirs, et massé dans une capitale ;
un patriotisme réveillé par le danger ; une gloire récente, rajeunissant et éclairant de son aube les vieux
souvenirs nationaux des temps héroïques, voilà donc
les principales influences extérieures que nous révèle
l'histoire sociale. C'est comme le sol riche en éléments
variés d'où a jailli le groupe monumental du siècle de
Périclès. Il est temps de sonder maintenant les causes
plus profondes qui ont fourni la séve et déterminé les
formes de la plante. Ici commence proprement la
psychologie de l'architecture grecque.

L'IDÉAL

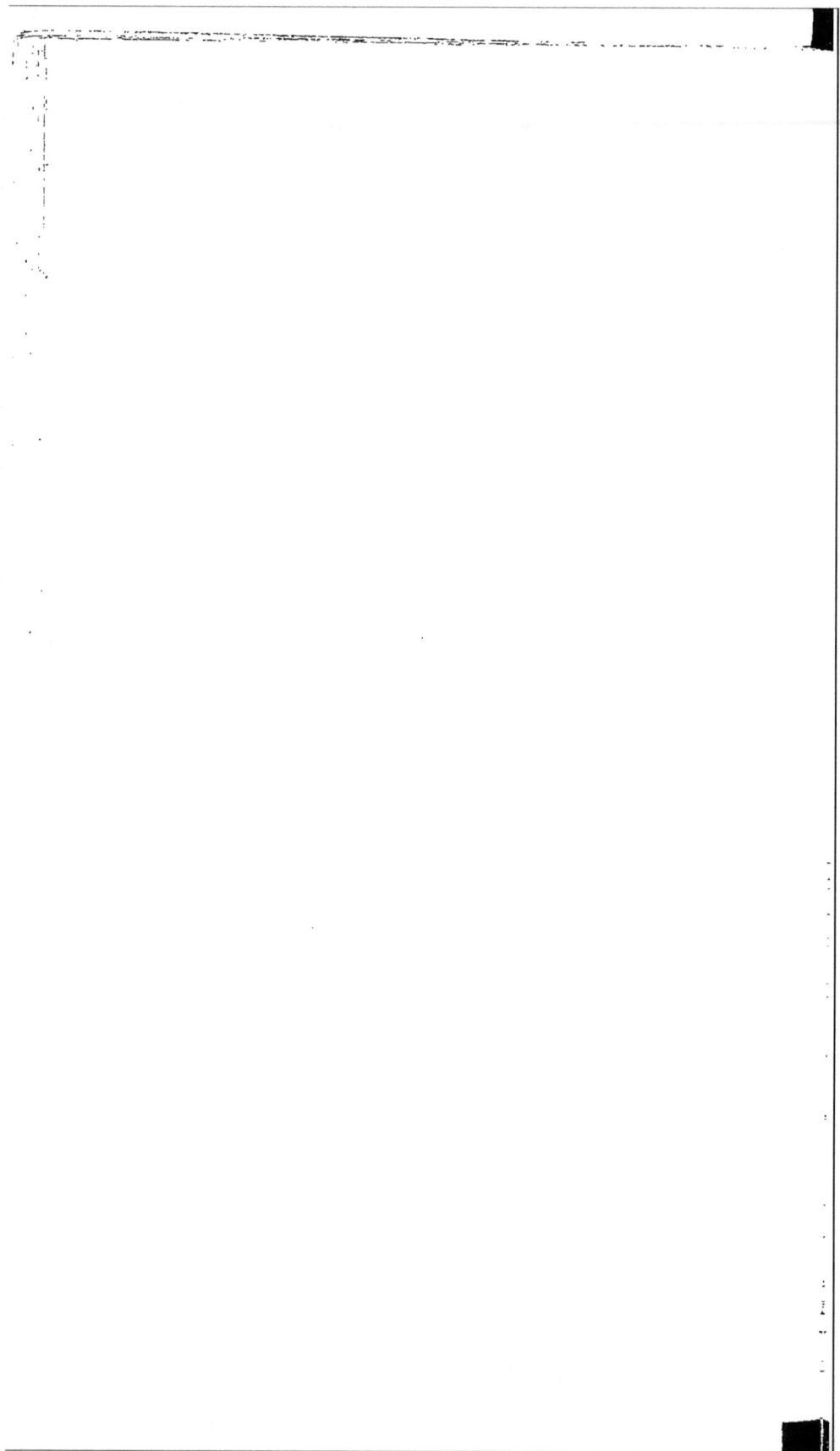

1

SIÉGE ET NATURE DE L'IDÉAL.

On a vu la géographie fournir l'emplacement du
théâtre, les races apporter des inspirations et des goûts
variés, les circonstances développer, mélanger, stimu-
ler cette multitude d'abord inerte et sans unité. Le
public est groupé ; l'artiste au travail. L'ordre des questions nous amène à chercher, dans tout l'ensemble des
œuvres spirituelles, les caractères de l'idéal qui s'impose à son imagination, s'empare de son cœur et guide
impérieusement sa main ? Dans une étude de ce genre,
une tentation naturelle est d'opposer le génie de l'hellénisme à celui de l'Orient. L'Orient est l'antithèse naturelle de la Grèce ; il est l'enfance, quand la Grèce
est l'adolescence ; il est l'instinct aveugle, quand la
Grèce est la raison consciente ; il est l'immobilité, quand
la Grèce représente le progrès. Ce parallèle éclaire ainsi
d'un jour vif, et fait ressortir par des teintes contrastées
les grandes lignes de l'idéal hellénique.

En Orient, l'attention de l'homme appartient tout
entière aux puissances et aux attributs du monde exté-

rieur. La vie sociale, encore élémentaire, n'a point en-
richi le trésor des émotions morales ; la réflexion, encore neuve, n'y a point pénétré. Le monde spirituel
est donc pauvre ; il est ignoré. Ce n'est qu'une pousse
fragile que couvre de son ombre la nature extérieure,
avec ses puissances indomptées, ses phénomènes dont
la loi se dérobe encore, ses premières révélations d'un
ordre et d'une nécessité que cerne et presse de toutes
parts un surnaturel capricieux et terrible. Le vent, le
tonnerre, les tremblements de terre, tiennent plus de
place dans l'imagination de l'Oriental que l'amour, la
pitié, le patriotisme ; la loi qui gouverne les déborde-
ments périodiques du Nil l'émeut plus profondément
que la loi morale qui règle les actions humaines.

La nature sensible est donc la grande source de la
poésie. Bien plus, elle est poétique tout entière, et
même dans les parties que le présent nous montre
desséchées et sans vie. A cette époque, en effet, le
vaste ensemble des sciences positives n'attire point à
lui et ne fait pas tomber au niveau de la prose les lois
physiques ou historiques que l'esprit découvre ; ces lois
restent isolées, flottantes devant l'imagination, comme
des caractères dispersés à travers lesquels on pressent,
on cherche avidement le sens de la phrase suprême ;
elles gardent donc un prestige propre, immédiat, et
les spectacles naturels reçoivent de cette source leur
plus haute valeur poétique. Ce n'est point un écho du
monde moral qu'on cherche à saisir dans un paysage
quelconque ; il n'y a pas d'écho avant le son qui le pro-
voque, et le monde moral est encore silencieux. On y
adore le premier secret arraché aux dieux par l'homme

tremblant. On voit combien cette façon de sentir la nature est loin de la nôtre. Ce qui nous touche dans le ciel étoilé, ce n'est pas la loi qui règle le cours des astres, ce sont les émotions tout humaines que ce spectacle réveille en nous par une harmonie secrète. L'âme neuve de l'Oriental, vierge de mélancolie, goûtait moins la beauté sympathique de ces feux semés dans les profondeurs sombres, que la majesté abstraite du système planétaire, première image de l'ordre entrevu, première lettre épelée de l'alphabet universel. Voilà ce qu'il embrassait avec une passion profonde, ce qui venait vibrer dans ses hymnes graves, se réfléchir dans ses danses rhythmées ; car la poésie, l'art ne pouvaient avoir de plus haute fonction que de fixer et d'agrandir, devant ces âmes avides de toute la force de leur ignorance, le reflet de ces rayons perdus, aube sacrée de la science naissante.

Étrange conclusion de ce qui précède ! L'émotion poétique, en Orient, a son siége principal au centre du domaine actuel des sciences positives. Le vent, le feu, le soleil, les forces créatrices ou destructives, y sont les premiers dieux ; les déluges, les tremblements de terre, le cours des astres, l'alternative du printemps et de l'été, la germination du grain confié à la terre, y restent les mythes préférés. D'une manière générale, ce ne sont pas les caractères et les sentiments moraux, c'est l'idée abstraite et le fait brut qui agissent sur l'esprit de l'Asiatique. Il ne s'émeut que devant les images des grands attributs naturels : la force sans limite, l'ordre sans lacunes, la durée sans terme. Il ne cherche pas autre chose même dans l'homme, que d'ailleurs il ne voit que du dehors et en troupeaux, c'est-à-dire par grandes masses, comme un simple fragment de l'univers sensible. Ce qui lui impose, ce n'est pas la grande âme du héros, c'est la puissance brutale du despote; ce n'est pas l'harmonie vivante de la cité, ce sont les grossiers et massifs essais d'organisation qu'on appelle les monarchies orientales; ce n'est pas l'histoire progressive de l'esprit humain, c'est la suite des dynasties, l'enchaînement purement chronologique des générations. Il est surprenant pour nous de le voir dépenser une ardeur extraordinaire à contempler et à peindre l'épanouissement de la force matérielle, à dresser la liste des peuples conquis, à vaincre le temps par des chiffres, à marquer sa place d'un simple trait verbal dans la sèche nomenclature des époques. Nous sommes historiens avec goût et curiosité; l'Oriental est annaliste avec passion !

Tout autre est le centre de gravité de l'idéal hellénique. Situé, à l'origine, dans la même région que l'idéal oriental, il cède à la pression des conditions physiques, si singulières et si fécondes, que nous avons déjà signalées en Grèce; il reçoit l'impulsion naturelle du génie de la race; il se déplace ainsi par degrés, suivant une courbe d'un tracé complexe, mais net et résolu.

A l'origine, les premiers types qu'on voit prendre consistance et relief dans l'imagination hellénique sont, comme en Orient, les phénomènes de la nature; Glaucus, les Grées (1), rappelleront à l'homme les vertes

(1) C'est-à-dire les vieilles femmes blanches et chenues.

profondeurs de la mer, la blanche écume des flots ;
Mercure, avec sa baguette d'or qui ouvre et ferme les
yeux des mortels, figurera le long nuage horizontal
dont la minceur s'éclaire aux rayons du soleil couchant. Athènè sera l'azur clair du ciel supérieur. Dans
les ondoiements du fleuve, le Grec retrouvera les formes
de la femme, et il peuplera de nymphes les rivières,
a mer et les fontaines. Tels sont les plus anciens
mythes qu'ont dû échanger entre eux les marchands
Grecs, errant de rivage en rivage. Chaque paysage a son
dieu, riant ou sévère. Voilà les sujets des premiers
chants, les images des premiers rêves.

A une époque qu'il est impossible de déterminer,
apparaît un nouveau personnage, le *héros*. C'est la plus
grande révolution qui se soit faite dans l'esprit humain. L'homme avait jusqu'ici subi le prestige de la
nature ; tout d'un coup, il sent sa force ; il se *pose*. En
regard des puissances nuisibles et déréglées du monde
matériel, il dresse une puissance de même proportion,
mais libre et bienfaisante. La volonté humaine, prenant possession des choses et se faisant l'agent de
l'ordre au sein du chaos primitif, telle est la conception qui paraît subitement sur les sommets de la poésie ; les mythes naturalistes passent au second plan
pour faire place au sentiment royal de l'homme vouant
son énergie et sa liberté au culte et au service de la
oi.

A ce degré, le Héros semble être encore de la même
espèce que les forces auxquelles il s'oppose ; il con-
serve quelque chose des allures, des dimensions et du
prestige d'une puissance physique. Mais une fois dé-

veloppée, la figure héroïque ne reste pas ainsi sur les
hauteurs du naturalisme, elle s'engage de plus en plus
dans la vie des hommes; elle paraît partout où quelque
grande chose les passionne. Le jour où le choc de l'Eu-
rope et de l'Asie, symbolisé par la guerre de Troie,
contracte le sentiment panhellénique, et le fait vibrer
du timbre le plus clair et le plus puissant, dans l'épopée homérique, le héros devient *national;* il personnifie
la *race*. Le morcellement politique imposé à la Grèce
par sa géographie, le force à se diviser et à se multiplier. Dans les grandes plaines de l'Orient, il y a un
héros; mais il n'y en a qu'un, le despote, et ce despote
est toujours vainqueur. En lui se concentre toute
l'énergie et tout l'orgueil de la nation; le reste des
hommes n'est qu'un troupeau. Chaque petit État de la
Grèce, au contraire, a ses ancêtres, ses bienfaiteurs, ses
gloires locales opposées à celles des États voisins. Le
héros n'est pas seulement hellénique, il est *citoyen;* il
appartient à sa ville : il a lutté contre les héros étrangers avec des fortunes diverses. Adraste à Argos et à
Sicyone est l'ennemi de Mélanippus à Thèbes. Comme
le héros représente la tradition commune, il figure
aussi la tradition municipale, et la lutte des patriotis-
mes locaux se dessine ainsi en traits plus légers sur la
trame du patriotisme général. Dans son entier, la
légende héroïque embrasse tout ce qui se succède
d'élevé et d'intense dans l'évolution de la vie grecque;
elle se présente tantôt comme le roman d'un Don Qui-
chottisme qui a pour adversaire le chaos des forces
naturelles, tantôt comme le récit d'une guerre contre
l'étranger et le barbare, ou d'une discorde dans le sein

même de l'hellénisme, tantôt comme la chronique d'un
gymnase où, sans haine et comme fraternellement, de
beaux jeunes gens luttent entre eux avec un superbe
sentiment d'émulation et de force.

Dans son énergique dégagement, la figure du Héros
attire et absorbe tout en elle ; toutes les grandes conceptions passent par cette forme ou s'en rapprochent ;
les Dieux eux-mêmes cèdent au courant et se modèlent
à sa ressemblance. Aux divinités métaphysiques et
naturalistes de la période saturnienne succède l'Olympe
épique, vainqueur des Titans et des Géants. Jupiter,
Apollon, Mars, ne sont plus tant des personnifications
de phénomènes naturels que des guerriers *honoraires*,
les frères aînés et les bienfaiteurs des hommes. Le
ciel homérique ressemble à un prytanée d'ancêtres
sages et glorieux, de paladins retirés qui assistent aux
tournois de leurs descendants. Parfois le bruit de l'airain les arrache à leur repos ; ils se mêlent de nouveau
aux luttes des mortels. Comme le héros lui-même, ils
deviennent *nationaux* ; ils sont les dieux d'une race.
Comme lui ils se font citoyens, ils sont les protec-
teurs d'une ville. Ils la défendent contre les divinités
des autres peuples ou des autres États. « Je ne crains
pas », dit un personnage d'Eschyle, « les dieux de ce
pays. Je ne leur dois ni la vie, ni l'âge où je suis parvenu. » « Si Hèrè protège les Argiens », dit Euripide,
« Athènè est notre déesse ; plus vaillante et plus ver-
tueuse, elle ne se laissera pas ravir la victoire. » Ainsi,
au lieu de s'abstraire et de s'isoler de plus en plus, le
dieu grec revêt de plus en plus les attributs étroits de
la vie réelle ; il se détermine, se particularise, et quit-

4.

tant les régions vagues de la métaphysique, il s'engage hardiment dans l'histoire et dans la politique.

Par cette curieuse attraction exercée sur ce qui l'environne, le Héros résume en quelque sorte l'idéal grec; le dieu est descendu à son niveau; il entre lui-même de plus en plus dans les cadres humains. Le sens et les effets de cette évolution sont évidents. D'une part, en traversant la série des types plus ou moins particuliers qui représentent la race, la patrie, la corporation, la famille, il se charge de substance; quelques traits des formes antécédentes persistent dans chaque forme nouvelle; les *symboles* se superposent en quelque sorte et se marient dans une physionomie chaque jour plus complexe. En outre, aux attributs symboliques s'ajoutent des attributs de fantaisie. On a vu, en effet, que le Grec est, par nécessité géographique, un conteur. Pendant des siècles, les légendes glanées çà et là se heurtent dans l'esprit du voyageur et du poëte; elles se marient, s'excluent, divergent, s'effacent à demi ou se prêtent à des variantes. Comment, dans cette agitation sans loi, les traits qui ont une signification abstraite se garderaient-ils purs de tout mélange avec des traits arbitraires? Comment cette signification même ne se perdrait-elle pas plus d'une fois dans les ombres de l'oubli? En l'absence d'une poésie officielle, propageant des types classiques et fixes par les organes d'une centralisation politique, le désir de plaire garde toute sa puissance plastique; ce n'est pas une philosophie vague et ambitieuse, c'est une sélection naturelle fondée sur l'instinct anecdotique, un libre concours au droit de vivre qui décime les fables et ne

laisse subsister que les plus belles, c'est-à-dire les
mieux appropriées à un récit brillant et léger. Ainsi,
non-seulement la figure héroïque passe du symbole
hautement naturaliste au symbole plus étroitement
social et plus humblement humain ; mais elle tend
même à s'affranchir du symbole, à perdre tout sens
profond pour devenir un caractère arbitraire, un personnage poétique, richement conçu et dessiné selon
le seul instinct de la grâce et de la beauté vivante.
Pendant une première période, plus on avance dans
l'histoire de l'imagination grecque, plus les personnages prennent l'aspect complexe et le caractère vo-
lontaire de l'homme réel ; plus la libre anecdote leur
donne les souples allures de la vie. Quelle distance
entre le président de l'Olympe homérique et le Jupiter
éther, symbole de l'air supérieur ; entre l'Hercule
solaire et le héros chevaleresque que promène à travers
le monde une imagination avide d'aventures ! Au
symbole exact et sévère, dépouillé et presque abstrait,
succède ainsi la libre, vivante et ondoyante image d'un
personnage de roman.

Étudiée de près, cette image présente un caractère
singulier. Chaque étape du héros dans les cadres de la
vie réelle a augmenté l'espace et les ombres qui masquent derrière lui *le monde surnaturel ;* ce monde disparaît enfin ; son nom même, le nom du *divin,* privé d'ob-
et, change de sens et s'applique à des objets inférieurs.
C'est avec un sérieux parfait que l'historien Hécatée
compte un dieu pour son *seizième* ancêtre. Ainsi, il n'y
a pas deux essences, l'une humaine, l'autre céleste, et
aucun type vraiment divin ne subsiste qui puisse servir

de principe à l'épuration des types terrestres. Ces types
restent donc le modèle unique; au lieu d'être soumise à
l'épreuve d'une idéalisation fondée sur la comparaison
avec l'univers divin, la nature humaine se pose dans
sa supériorité, dans sa totalité, dans son indifférence
superbe et impeccable, sans autre règle que l'harmonie
de ses parties entre elles. Être jeune, beau, vigoureux,
sage, conserver ces dons par la tempérance, avoir de
beaux enfants, servir sa patrie, mourir dans la gloire et
être chanté par les poëtes, voilà le bonheur le plus
élevé que les Grecs aient rêvé; leur horizon finit là.
L'infini, les rêveries mystiques, sont l'affaire de quelques philosophes; encore oublient-ils cette poésie au
sortir du gymnase ou de l'exèdre. Un des signes les
plus frappants de cette entière humanisation de l'idéal,
c'est que si la distinction du corps et de l'âme est
connue de l'Hellène, il ignore leur opposition. Tous
deux se développent fraternellement l'un par l'autre,
et l'homme suit avec un intérêt égal le double épanouissement de son type. L'*animus*, âme morale, ne
s'est jamais entièrement dégagé en Grèce de l'*anima*,
souffle vital. Les plus idéalistes des Grecs pensent avec
Platon que c'est l'âme qui, par sa propre vertu, façonne
le corps à son image et se réfléchit dans la beauté
sensible. Nul n'a l'idée d'opposer les domaines du
physique et du moral, d'en faire deux pays ennemis
et d'enrichir l'un de tout ce qu'il enlève à l'autre. Le
Grec ne conçoit pas la tige sans fleur, mais il ne conçoit pas la fleur séparée de la tige; la plante humaine
se dresse devant lui tout entière. Lorsque le socialisme dorien érige en modèle l'athlète nu, étalon sans

tache du haras national, image du citoyen utile à sa patrie, il ne fait que confirmer une révolution déjà accomplie, en dehors de toute considération politique, par l'imagination grecque. Il fournit une forme et un centre déterminés à l'idée qui domine et remplit déjà tout l'horizon poétique, celle de l'homme conçu comme un bel animal sain et florissant, libre et roi. C'est à toute la nature humaine, acceptée indistinctement dans son développement spontané et intégral, que s'applique le mot de Protagoras : « l'homme est la mesure de toute chose, » véritable épigraphe de l'esprit hellénique.

L'hostilité de l'âme et du corps est le grand principe des troubles intérieurs. Leur conciliation concourt à produire cet admirable apaisement que l'hellénisme a répandu sur toutes ses œuvres. De moins en moins asservis aux conceptions abstraites, attirés du ciel sur la terre par les grands intérêts humains, mais désintéressés à demi de leur rôle sérieux, au moment même où ils s'y engagent, par la legèreté de l'esprit anecdotique, les types sont comme une esquisse sans profondeur, faite pour le plaisir des yeux, et toute prête à recevoir ce glacis de calme et d'exquise sérénité dont les Grecs ont eu le goût et le secret. Nous l'avons fait pressentir à propos des Ioniens, la paix est l'un des caractères les plus essentiels de l'idéal en Grèce. Chose frappante ! passé maître dans l'invention des événements et dans la conduite de l'action dramatique, le poëte est resté des siècles sans connaître ni goûter le vrai *pathétique,* celui qui naît de la discorde intérieure de l'âme humaine. Pendant toute la première période

de la littérature grecque, le Destin est l'auteur des
grandes crises; la fragilité des choses terrestres, l'in-
constance de la fortune, sont presque les seules sources
d'émotion et de mélancolie qui s'épanchent dans le
vase à bas-reliefs d'airain de la poésie homérique. Hec-
tor pleurant sur les destinées d'Andromaque, Priam
comparant son sort à celui de Pélée, tous deux mau-
dissant l'inflexible nécessité, voilà les seuls accents
émus qu'on entende dans l'*Iliade*, et ce n'est qu'un faible
et rare murmure mêlé aux ardentes sonorités d'une
épopée en armes. Dans Eschyle même, la lutte tumul-
tueuse entre les émotions de l'âme, cède la place à la
tension simple de la volonté, résistant à une défaillance
de la sensibilité naturelle. C'est là le sens de la fameuse
querelle de l'*éthos* et du *pathos*. Le pathos représentait
l'anarchie accidentée de passions, et jusqu'à Euripide,
l'hellénisme tint close cette grande source d'émotion
dramatique. Il ne goûtait, dans les instants de crise,
que l'éthos, c'est-à-dire l'immuable sérénité d'un caractère supérieur à la destinée, tandis que, dans la vie
ordinaire, il savourait avant tout le mouvement régulier d'une âme heureuse d'animer un corps sain et vigoureux. Au sein du mouvement le plus intense, le
personnage poétique semble n'être engagé qu'à demi ;
acteur, il reste spectateur; il se regarde vivre dans l'é-
panouissement de son âme et de son corps. Le Grec a
toujours été si maître de lui-même, que le drame intérieur n'a jamais pu se produire impétueusement au
dehors, que l'homme n'a pas connu la passion dans sa
nudité hardie, et qu'il ne l'a jamais vue que parée pour
le monde, et voilée de décorum. Je ne sais quoi d'aca-

démique, né, non de l'attachement à une tradition servile, mais d'une *self-possession* originelle, pénètre ainsi
toutes les œuvres de la poésie et de l'art helléniques.

On peut résumer maintenant les caractères du *type
central* autour duquel s'agite l'imagination grecque
adolescente. Tel qu'il s'offre aux regards, il représente un libre et souverain épanouissement de toute
la nature humaine. Tous les attributs de la vie, même
les plus opposés, s'y réunissent dans une indivision
naïve, sans que les contradictions soient perçues ni
senties. La prodigieuse puissance plastique d'un génie
ardent, jeune et en pleine évolution, fait tenir ensemble et fond dans une invraisemblable harmonie les
idées les plus irréconciliables. Tout à l'heure, c'était
l'empiétement réciproque de la signification humaine
et de la signification naturaliste des figures. Ici, c'est
la confusion et le mélange entre l'idéal de la passion
ou de l'intérêt et celui de la conscience. C'est la superposition de la partialité politique et de la plus haute
équité morale. En un mot, la douloureuse opposition
du corps et de l'âme, de l'idéal et du réel, de la conscience et de la vertu, du devoir et du bonheur, ou
même des devoirs entre eux, n'existe pas encore ; la
scission ne s'est pas faite. Au temps d'Homère, l'art
de tromper et de voler reste un présent que les Dieux
distribuent à leurs adorateurs les plus prodigues en
moutons et en génisses ; Mercure récompense par ce don
la dévotion d'Autolycus. Ainsi les incompatibilités ne
se révèlent pas encore. Placé d'abord à mi-chemin,
sur la pente continue qui va du ciel à la terre, le Héros,
en attirant à lui le divin et l'humain, a mélangé les

deux domaines ; même après le travail d'épuration des philosophes, il continue de se présenter au peuple et à l'artiste comme un résumé de l'existence universelle, à la fois céleste et terrestre, homme et loi, mêlant à ses attributs sociaux l'indifférence morale des puissances naturelles, à son patriotisme local un large rôle humanitaire, souriant à ce monde qu'il ne juge point encore, et où il puise seulement tout ce qui s'y trouve de chaleur, de mouvement et de vie.

II

CARACTÈRES GÉNÉRAUX DE LA FORME

Tel est l'idéal sans profondeur et sans sublimité, mais libre, agissant, joyeux, familier, couronné de grâce légère et de paisible harmonie, que la Grèce oppose à celui de l'Orient. La figure héroïque et divine, graduellement humanisée, est le point d'application de l'attention et de l'enthousiasme, le centre d'attraction et de cristallisation des images artistiques. Considéré dans ses traits essentiels, ce fond tend déjà à déterminer, par sa propre vertu, les grands caractères de la *forme*. C'est pour ainsi dire l'idéal lui-même qui, par ses propres reliefs, soulève et gonfle d'abord l'enveloppe extérieure, en fixe les proportions, en dessine la silhouette générale, avant que, du dehors, d'autres influences pétrissent et façonnent de plus près cette première ébauche.

Le premier signe de ce travail intérieur est une entière interversion dans la hiérarchie des grands modes d'expression. Le grand art expressif de l'Asie, celui auquel appartient le premier rôle, est l'architecture.

Par ses formes décidées, par les grandes masses qu'elle dresse, par les vastes espaces sur lesquels elle se répand, par le défi qu'elle porte au temps, l'architecture est en effet l'art le plus propre à figurer aux yeux les grandes forces physiques, l'imposante ordonnance des phénomènes naturels, le vaste déploiement de la puissance brutale, les phases de la vie collective. Aussi la peinture et la sculpture ne se dégagent-elles point; elles restent subordonnées à l'art dominant, elles s'appliquent à l'édifice comme des vignettes à un livre sacré, elles s'effacent et s'humilient dans l'immensité monumentale qui les enveloppe. Lorsque la statuaire s'isole, c'est pour prendre, comme les colosses de l'Assyrie ou les sphinx de l'Égypte, les proportions, les formes et l'arrangement architectoniques. Ainsi l'architecture traite en sujets les autres arts, elle les condamne à servir son propre idéal. Elle fait plus; elle empiète même sur la science, sur l'histoire, sur la politique. Ces sept enceintes d'Ecbatane peintes de leurs sept couleurs, ces prodigieux palais de Babylone et de Ninive, ces immenses temples égyptiens, ne sont pas seulement des édifices construits dans un but utilitaire, ce sont des images du système astronomique, des symboles de l'unité et de la puissance nationale, des musées commémoratifs, tout pleins des souvenirs de la gloire commune. Pendant des siècles l'architecture a été ainsi l'art par excellence, mieux encore, la langue dans laquelle l'Orient s'épelait à lui-même ses plus hautes impressions. C'est avec ces majuscules de pierre qu'il a écrit ses premières idées sur le monde, et immortalisé des enthousiasmes qui se réduisent au culte de la force matérielle, de la durée, d'un ordre extérieur et imparfait.

En Grèce, l'idée métaphysique et le fait matériel s'effacent graduellement sous l'envahissement des attributs humains. L'architecture déchoit donc ; la poésie, la sculpture, la musique, la peinture, passent au premier rang, à titre de formes immédiates et d'expressions plus étroitement appropriées de la nature humaine. Mais la statuaire, par sa vive représentation du corps humain, et en dépit de son infériorité dans les jeux passagers de la physionomie, est de tous ces arts celui qui répond le mieux aux besoins d'une époque qui n'a point encore conçu l'irréconciliable opposition de l'âme et du corps, et à laquelle répugne le *pathétique* tumultueux d'une âme en discorde. Aussi ce mode d'expression atteint-il graduellement, dans l'histoire de l'imagination grecque, une importance que nous avons peine à expliquer avec les mesures de l'imagination moderne.

A la vérité, les arts ne suivent que de loin, dans l'ordre des temps, l'évolution idéale qui contient le germe de leur progrès. Dans Homère, parmi des divinités déjà profondément humanisées, la statuaire n'a qu'un rôle insignifiant. L'architecture décorative résume l'art tout entier. C'est deux siècles plus tard, par un progrès continu qu'accélère le prestige de l'athlète dorien (1), que la sculpture devient le mode artistique principal. Non-seulement ses œuvres se multiplient au point qu'au temps de Pausanias, après la

(1) Voyez le livre de M. Taine, *Philosophie de l'art en Grèce*, Germer Baillière.

spoliation romaine, elles encombrent encore le sol de
l'Hellade; mais ce sont elles qui excitent au plus haut
degré la passion du public; elles occupent désormais
une grande place dans l'imagination du poëte; Euripide compare le sein de Polyxène mourante au sein
« d'une statue »; Platon nous montre les hommes
faits et les enfants contemplant Charmide « comme une
statue ». On a vu la position éminente du sculpteur
dans la société grecque. Que d'autres faits on pourrait
ajouter à ces indices pour montrer à quel point la statuaire est l'art dominant, l'art par excellence! Chose
frappante, dans l'entrain de ses premières conquêtes,
elle ne se soumet point seulement les arts voisins, elle
empiète, comme l'avait fait l'architecture en Orient,
sur les autres domaines de l'esprit. Au début, l'enfance
de l'écriture lui livre l'histoire et la mythologie; le
coffre de Cypsélus est une véritable bible légendaire,
comme les façades des cathédrales gothiques étaient une
encyclopédie des notions du temps. En l'absence de
l'esprit sacerdotal, c'est au statuaire que revient le soin
de conserver les types religieux, ou de les faire fléchir
par d'heureux commentaires. L'humanisation de l'idéal
s'est faite surtout par ses mains; pendant plusieurs siècles, la sculpture a été un enseignement théologique;
elle s'est chargée de faire le *droit prétorien* du dogme.
Je ne puis mieux comparer l'effet d'un nouveau type
créé par Endœus, Phidias ou Polyclète, qu'à celui du
livre où M. Renan a tenté d'ériger, devant l'imagination populaire, un Jésus de mol ivoire, un Jésus *Gess-
nérien*. De même la Vénus de Praxitèle n'a pas signalé
moins qu'une révolution dans l'idéal religieux.

Au triomphe de la sculpture répond la déchéance relative de l'architecture. En Asie, la construction était l'essentiel; la forme sculptée, la figure humaine ou bestiale s'y accrochait en bas-relief, s'y insérait en cariatide, s'y dressait en colosse indicateur. Devant l'imagination hellénique, c'est la statue, c'est l'idole, c'est le corps et le visage humains qui sont l'œuvre d'art fondamentale, le centre d'attraction du monument; tout le reste devient accessoire. C'est Phidias le statuaire, et non pas l'architecte Ictinus, qui est chargé de la direction en chef des travaux du Parthénon. C'est qu'en effet, le temple grec n'est pas élevé pour lui-même, mais pour le service d'un ouvrage de sculpture; il n'est, on le verra, qu'une enveloppe pour le colosse d'or et d'ivoire qui s'y abrite, qu'un piédestal pour les légendes en relief qui le surmontent et le couronnent; proportionné à l'idole que le croyant y serre comme dans un étui, borné dans son étendue par cette fonction précise, il n'élève, il ne rehausse son front que pour qu'un autre art s'y épanouisse. C'est la statuaire qui s'encadre dans le fronton, qui se découpe dans les métopes, qui court dans la frise, qui règne sur l'édifice : et l'édifice tout entier semble destiné à la porter avec grâce, à l'accompagner magnifiquement, à faire resplendir par son harmonie discrète l'efflorescence sculpturale où repose la plus haute pensée de l'artiste, la souveraine beauté du monument.

Du même mouvement que la hiérarchie des arts, se déplace ce qu'on peut appeler le *principe d'idéalisation*. En Orient, la force immuable, la durée éternelle, les grandes ordonnances des phénomènes naturels, n'offrent à l'artiste qu'un idéal hors d'atteinte, ou un modèle disproportionné. La représentation portera donc la trace d'un désir insatiable, comme il arrive lorsque l'art se propose de figurer un objet multiple, immense, indéfini. Ce que l'Orient offrira aux regards, ce sont des villes d'une étendue prodigieuse, Kanodge, Ninive, Babylone; des tours démesurées comme Babel; des pyramides *à l'instar des montagnes;* des temples qui se prolongent sans fin comme en Égypte; des palais qui font de Versailles une miniature, comme Kouyunjick et Khorsabad; des statues gigantesques. En outre, toutes ces constructions, monuments ou colosses, sont couvertes de stuc, ciselées, peintes, dorées, plaquées de cèdre, d'airain ou d'albâtre sur toutes leurs faces. Quelques-unes ressembleront à une immense fleur d'émail, à un gigantesque ouvrage d'orfévrerie. L'infini dans les dimensions, l'infini dans les détails décoratifs, symboles d'un modèle qui sans cesse fuit la main prête à le saisir, voilà l'idéal effréné qui entraîne l'artiste à sa suite. Ce serait ne pas comprendre ce singulier état d'esprit que de parler du *mauvais goût* oriental. Il n'y a point de mauvais goût en Orient, cette *catégorie* n'existe pas. Le mot n'a point encore de sens. On ne rencontre ici ni juste ni fausse appropriation des formes à un fond défini; il y a absence même de ce fond défini, point de départ de tous nos jugements sur l'harmonie, la mesure et le style.

La Grèce commence comme l'Asie. Tant que son idéal reste naturaliste ou métaphysique, et par là garde les caractères de *l'indéterminé,* l'art lui-même procède par accumulation et multiplication. La beauté ne fait qu'un avec la grandeur, la richesse et l'éclat. On a vu l'architecture à revêtements métalliques de l'époque légendaire. Ces murs couverts d'or, de fer bleu, d'argent, d'airain, d'ivoire et d'ambre, tapissés de riches étoffes, trahissent une imagination encore tournée vers la recherche de la magnificence. C'est la période orientale de l'art grec. Au VIᵉ siècle, les simulacres de bois sont encore cirés, frottés, frisés, vêtus de robes bariolées, parés de colliers, de boucles, de breloques. Au temps de Périclès, que veut dire cette sculpture chryséléphantine (1), si glorieusement pratiquée en Grèce qu'il reste douteux pour Pline que Phidias ait travaillé le marbre? Trait significatif, c'est seulement au siècle de Praxitèle que les grandes œuvres cessent d'être presque exclusivement de bois peint, de bronze coloré, de fer même, et surtout d'or et d'ivoire; jusque-là le sculpteur est un fondeur et un orfévre; le marbre, inauguré vers la 50ᵉ olympiade (576), reste à l'état d'exception. Ainsi ce n'était que par degrés qu'on se dégageait de la splendeur orientale, et qu'on puisait dans l'étude d'un modèle défini le goût de cette blancheur abstraite qui découvre si nettement l'essence des formes naturelles. La riche fantaisie de l'ornemaniste s'unissait au brillant des matières dans la vaine prétention de satisfaire une imagination que le vague même de ses objets rendait insatiable : l'idole parthénonienne, avec ses semelles sculptées hautes de 15 ou 16 pouces, sa longue robe d'or aux plis cannelés, la pierre blanchâtre de ses yeux en-

_____

(1) D'or et d'ivoire.

cadrée dans son visage d'ivoire, son collier et ses pendants d'oreille, son casque à trois cimiers orné de sphinx et de pégases, et sa visière chargée, s'il faut en croire Quatremère de Quincy, de huit coursiers au galop, était une véritable poupée à oripeaux métalliques. Quoique la restauration de Quatremère ait été finement contestée par M. Beulé, elle n'en reste pas moins un juste exemple du style de Phidias. Nous savons par Pausanias que le grand artiste avait couronné sa Némésis à Rhamnus de victoires et de cerfs entrelacés, et qu'une des mains de la statue portait une branche de pommier, tandis que l'autre soutenait un vase où étaient sculptés des Éthiopiens. Sur la tête du Jupiter de Mégare, auquel il avait collaboré, les Parques et les Saisons formaient une sorte de diadème extraordinaire et excessif. Dans un ordre différent, la polychromie monumentale pourrait bien avoir une origine analogue; selon toute apparence, elle se rattache à une influence orientale. On a moins de peine à la concilier avec ce qu'on sait du génie sobre, correct, nuancé de la Grèce, quand on suppose qu'elle est avant tout une importation exotique, une habitude d'école, un legs de la vieille institutrice à ses jeunes disciples. D'autres influences ont pu intervenir, concourir avec la cause originelle, ou au contraire l'atténuer dans ses effets. Mais essentiellement, la polychromie n'en représente pas moins la tradition d'un art auquel avait toujours manqué un programme positif et un cadre limité ; elle se rattache au temps où l'indétermination même du sujet ne laissait à l'artiste d'autre moyen d'expression que la profusion de la matière et l'intensité des effets purement sensuels.

Aussi voit-on le principe élémentaire d'idéalisation se transformer, à mesure que l'imagination de l'artiste tend à prendre pour objet essentiel et central l'homme, c'est-à-dire quelque chose de fixe, de bien connu, et de nettement délimité. Désormais, la statuaire ne poursuit plus aveuglément son idéal dans la masse, dans le nombre et l'éclat; elle le trouve dans l'exactitude, dans l'accord des parties entre elles, dans l'unité organique des ensembles. L'architecture, dépossédée de sa prétention au rôle d'art indépendant, devient un art d'accompagnement, incliné par ce caractère même à une sorte d'effacement et à une sobriété relative. Perdant de vue les modèles lointains qu'elle essayait infructueusement de reproduire, elle retombe sous l'empire des conditions positives que groupe autour de lui le modèle prochain et déterminé auquel s'applique l'art prépondérant. Son principe d'idéalisation n'est donc plus le même. Il n'est plus au même degré dans l'entassement des masses et dans le brillant des couleurs; il est surtout dans l'appropriation et dans l'harmonie. Dans Homère, Jupiter ébranlait l'Olympe d'un mouvement de ses sourcils; Mars couvrait sept plèthres de son corps, et égalait dans un seul cri les clameurs de dix mille guerriers; de plus en plus le dieu se rapproche des proportions humaines, et la beauté de son type devient le signe authentique de sa nature supérieure. Bientôt de ses lèvres ne découleront plus les longs mots composés d'Eschyle; le langage *« à aigrettes »* sera remplacé par le langage ordinaire, noblement rhythmé. Le goût effréné de l'éclat s'atténue; la statue d'ivoire et d'or était un progrès en ce sens sur la poutre d'olivier bariolée

et affublée ; le marbre, avec sa blancheur sévère, ou du
moins avec l'unité de ton que l'enduit même lui laisse,
devient à la fin la matière préférée de la statuaire ; Phidias
était encore un toreuticien, c'est-à-dire une sorte d'or-
fèvre colossal. Praxitèle taille en pierre de Paros, suivant des dimensions plus modestes, et dans la pure
monochromie de la nudité (1), sa Vénus de Cnide. Pareillement Scopas travaillait de préférence le marbre
de sa patrie. Le temple d'Égine était absolument po-
lychrome ; le Parthénon semble l'avoir été d'une manière mixte et à coup sûr plus discrète. Au moins les
traces de couleur y sont-elles moins nombreuses et plus
sujettes à contestation. A l'Erechteion, les registres, à
la vérité fort incomplets, ne mentionnent de peinture
que sur l'entablement. Dans la statuaire on voit paraître d'une manière générale la *symétrie* (2) et les proportions *canoniques ;* en architecture, l'*eurhythmie ;* ces
mots prennent droit de cité dans le langage des critiques d'art ; ils caractérisent l'idéal défini qui remplace
lentement le vain luxe des attributs, la splendeur de
la matière, l'accumulation des masses. Une solution
précise ne peut sortir que d'un problème à données

(1) Quand même la *circumlitio* que le peintre Nicias appliquait si
heureusement aux statues de Praxitèle ne représenterait pas simplement un polissage ou un vernissage, il faudrait la concevoir, en raison même des moyens employés, comme une *teinture* discrète, et
non point comme un coloriage servi par toutes les ressources de la
peinture proprement dite. (Voy. Quatremère de Quincy, *le Jupiter
Olympien.*)

(2) Avec Pythagoras (vers 450), qui passe pour s'être le premier
préoccupé du *rhythme* et de la *symétrie* (Diogène Laerce, Pythag. 25).
Un siècle plus tard, on trouve Euphranor qui « écrit des volumes sur
la *symétrie* » (Pline).

déterminées ; cette détermination supérieure du problème a été l'œuvre de la Grèce, et comme le don de
joyeux avénement de l'idéal *humain* succédant à l'idéal
métaphysique. C'est ainsi que la correction, la justesse,
le fini, le style, sont devenus le but à la fois élevé et
accessible de l'art hellénique, et de tous les arts qui
procèdent de ce premier et mémorable exemplaire.

Du même mouvement se déplacent enfin, dans chaque art, la source où l'artiste puise les formes de son
œuvre, le procédé par lequel il les découvre ou les
crée. En Orient, la poésie, l'architecture, la sculpture, la
musique, prétendent toutes au rôle d'art *expressif ;* ou,
si l'on veut réserver ce mot pour une expression plus
haute et plus complète, toutes les branches de l'art se
croient également appelées à être partout et toujours
significatives. D'ailleurs, les idées et les faits qu'elles
entendent représenter n'ayant point de forme propre,
il faut en inventer une. Or, est-il possible que cette
forme soit absolument nouvelle et créée de toutes pièces ? Sera-ce un dessin de fantaisie, un caractère arbitraire auquel on attachera tel ou tel sens ? Aux époques
primitives, une convention aussi abstraite, un compromis aussi indépendant des impressions qui viennent du dehors, serait un fait inexplicable. Évidemment,
on sera conduit à profiter des analogies naturelles. On
ne créera pas en entier la forme significative ; on l'em-
pruntera aux objets qui peuvent rappeler à l'esprit
l'idée qu'il s'agit de traduire. L'*invention,* méthode nécessaire de l'art oriental, aura donc pour procédé
subordonné et non moins nécessaire, l'*imitation.* Seulement, cette imitation aura un caractère singulier,

L'artiste demandera des modèles au monde extérieur ; mais il ne les prendra pas pour ce qu'ils sont ; il n'y verra qu'un moyen d'exprimer ses pensées. Indifférent à ce qu'ils disent d'eux-mêmes, il ne gardera de leur langage que l'idée ou le fait qui l'émeuvent. Copier les formes de la nature en les détournant de leur acception naturelle et de leur sens immédiat, voilà donc le procédé général de l'art en Orient. Ainsi procède la sculpture, quand elle emprunte les figures du lion et du taureau pour représenter la lutte éternelle du feu et de l'élément humide. Ainsi procède la danse, quand au lieu de se mouler librement sur les élans de l'allégresse intérieure, elle règle son rhythme et ses dessins sur le cours des planètes. Ainsi l'architecture, quand elle figure d'après le même modèle astronomique les détours du labyrinthe de Crète.

En Grèce, l'imitation *au figuré* cesse d'être la méthode commune de tous les arts. Deux courants s'établissent, dont l'un entraine la sculpture, l'autre l'architecture. D'une part, le sujet des représentations étant l'homme, c'est-à-dire un idéal qui a une forme sensible naturelle et définie, la sculpture incline de plus en plus vers la copie faite sincèrement et dans un esprit positif ; elle abandonne la reproduction au figuré et s'achemine vers la reproduction au propre. En un mot, elle tend de plus en plus à prendre le caractère d'un art imitatif. L'architecture, au contraire, ne saurait plus prétendre à représenter les nouveaux objets qui attirent l'attention de l'homme ; laissée en arrière, par la rapide élévation de la matière artistique, elle se fait un domaine propre avec des effets d'un ordre différent : elle n'aspire plus à être expressive, mais *impressive ;* elle ne cherche pas à traduire un attribut métaphysique, mais à éveiller des sensations et des émotions concordantes autour de l'idéal que la sculpture s'est approprié. Par là sa méthode change ; n'ayant d'autre point d'attache que son but pratique, elle ne se renferme plus dans la reproduction servile des formes auxquelles une idée a été associée originairement, elle imagine et façonne à son gré, sans souci de la ressemblance avec un modèle naturel, les formes les plus propres à produire une impression déterminée. Elle ne répète plus superstitieusement les mots traditionnels d'une langue, elle devient la libre créatrice d'un rhythme et d'une harmonie. Elle sort ainsi de la catégorie des arts imitatifs, au moment même où ce caractère s'accuse davantage pour la sculpture, et elle prend son rang dans la classe des arts d'invention.

Cette dernière analyse nous a amené sur le seuil d'une question plus intime, celle des *principes plastiques* de l'art grec, c'est-à-dire des tendances qui règlent le choix ou la génération des formes particulières. Le cercle se resserre ainsi de plus en plus. L'idéal, par sa propre vertu et par une sorte de végétation interne, a déjà déterminé plusieurs des caractères généraux de l'œuvre d'art. Deux causes plus profondes et plus enveloppantes : la structure et l'éducation des sens, la nature et l'évolution de l'intellect, vont maintenant façonner et sculpter de plus près, sous nos yeux, toutes les parties de l'édifice.

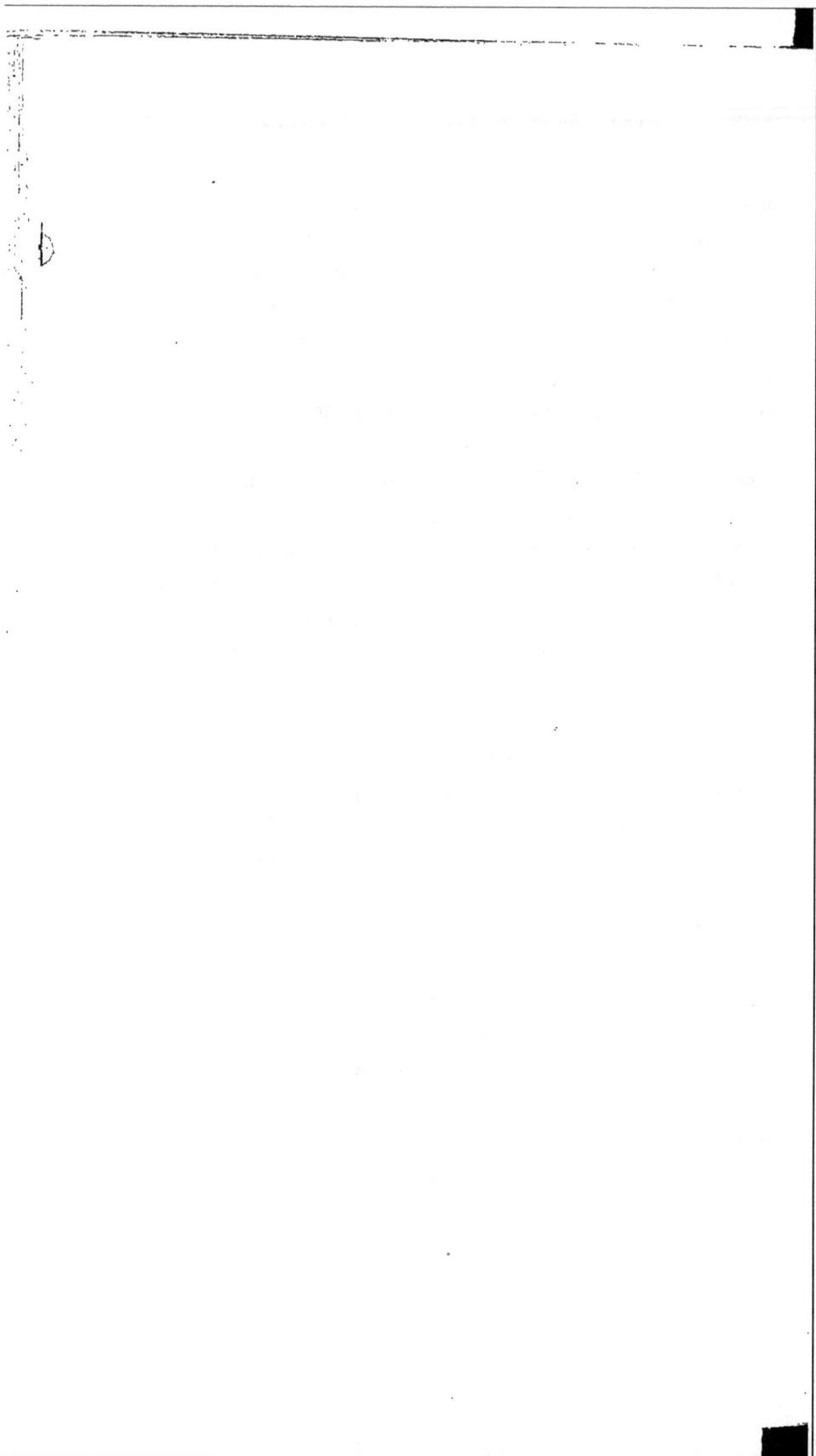

LES PRINCIPES PLASTIQUES

I

LES SENS

La première influence qui s'exerce est celle de la
nature environnante. On a vu, qu'en Grèce, l'architecture appartient à la classe des arts d'invention.
Elle n'a donc pas, à proprement parler, de modèle à
imiter. Mais sa fantaisie la plus libre tend spontanément à reproduire les associations de lignes, les contrastes de couleurs qui s'offrent à toute heure à la vue
de l'homme. Chaque paysage a, en effet, des profils,
un mouvement de masses, un équilibre auxquels les
yeux s'habituent comme l'oreille à un rhythme, à une
mesure, à une harmonie, à un contour mélodique;
cette habitude tourne volontiers en prédilection, de
sorte que le public et l'artiste cherchent instinctivement,
dans l'œuvre d'art nouvelle, les caractères observés et
goûtés ailleurs, et qu'ils souffrent s'ils ne les rencontrent pas. Au fond, c'est comme le charme de l'idiome
natal, de ces locutions et de ces accents auxquels ont
été associées tant de fraîches impressions, tant d'idées
naissantes, et qui sont devenus, pour toute une race,

les signes uniques et seuls perceptibles de mainte nuance précieuse. A la vérité, pour que l'art demande ainsi le ton à la nature environnante, il faut que celle-ci soit invitante et attachante. Lorsqu'elle est repoussante et pauvre, lorsqu'elle a des caractères extrêmes, ce qui implique l'absence de tout un ordre de beautés et de jouissances, l'art ne se propose pas tant de reproduire les formes ou le rhythme de la nature que de suppléer à ce qui lui manque. Il la complète par des créations de sa fantaisie, parfois en copiant et en multipliant les types exceptionnels qu'elle présente trop rarement au gré de l'homme. Ici, l'industrie invente tout un monde artificiel qu'elle groupe tout prochain et au premier plan autour des mortels, comme pour voiler un paysage ingrat. C'est le cas des arts sémitiques, nés sur le roc ou dans les sables, et passionnés pour l'opulence et l'éclat. Les temples de l'Égypte s'inspirent bien moins des profils de ses deux grandes falaises, qu'ils ne s'efforcent de ressembler aux oasis perdus de loin en loin dans ces déserts dévorés de soleil : avec leurs colonnes toutes végétales, leurs feuilles imbriquées à la base, leurs bractées et leurs corolles peintes en guise de chapiteau, ce sont de véritables bouquets de palmiers, des buissons de lotus en fleurs, promettant de loin la fraîcheur et l'ombre au voyageur accablé...

La Grèce n'est pas un de ces pays déshérités où la nature stimule simplement le génie de l'homme, sans le diriger, par la pure pression de la nécessité et en quelque sorte par l'horreur du vide : elle est de ceux où le paysage inspire directement les artistes en se

faisant lui-même modèle et cadre. Deux caractères
concourent à établir cette influence : la médiocrité des
dimensions et la variété des paysages. Ici, en effet,
tout est humble et tempéré ; point d'ouragans destruc-
teurs, de pluies de sauterelles, de bêtes féroces en
troupeaux ; la météorologie est sage, la faune n'est
pas indomptable. Les arbres sont des arbustes, les
rivières des ruisseaux ; sur maint rivage, la mer vient
mourir sur des gazons comme l'eau d'un lac ; presque
nulle part elle n'a l'aspect de la grande mer ; resserrée
dans les golfes, dans les détroits, c'est sous la forme
d'un grand fleuve qu'elle paraît le plus souvent aux
yeux des hommes. Tels l'Euripe, le golfe de Corinthe.
Les Grecs n'ont donc pas subi l'impression absor-
bante de la grandeur, ou l'impression inquiétante des
accidents et des prodiges, si fréquents dans l'Inde par
exemple. La nature leur apparaissait avec un charme
familier et rassurant qui attirait les regards et l'esprit
au dehors, au lieu de les refouler vers les visions intérieures ; une variété attrayante les retenait, les faisait
errer de point de vue en point de vue ; car c'est le
propre des pays de montagnes, que le paysage puisse
changer de caractère d'un mille à l'autre. Tout con-
courait donc à fixer l'attention sur le dehors, et à im-
primer dans l'œil charmé une série de dessins et de
formes dont le souvenir devait ensuite diriger la main
de l'artiste grec. Un monde sensible fait pour ne point
effrayer, pour être admiré et goûté légèrement, pour
être pris au comptant et au propre, devait nécessairement se concilier les prédilections des sens, sans pro-
voquer aucune résistance de l'esprit. Il s'offrait tout

naturellement comme un musée de belles images, dont les traits et la configuration précise se perdaient dans l'ombre de la mémoire, tandis que leur style général et leur rhythme restaient les modérateurs du goût et les guides de la main de l'artiste.

Quels sont donc les caractères de cette sensation habituelle qui a fait l'éducation des yeux en Grèce? Le plus essentiel est qu'elle paraît extrêmement *distincte*. Rien de mêlé ou de brouillé comme dans nos climats. Le ciel n'est point un troupeau de nuées multiformes, allongées ou courtes, épaisses ou émaciées, toujours changeantes et fondantes ; c'est une nappe d'un bleu intense et foncé, sans un nuage, sans une tache, ferme et unie comme l'acier. Au coucher du soleil, l'horizon offre une suite de bandes cramoisies, violettes, jaunes, vertes superposées, et dont les couleurs se joignent par une transition insensible et régulière, semblable aux irisations d'une plaque de métal qui a passé par un grand feu. Ce n'est pas, comme dans les pays du Nord, cette palette brouillée de clartés et de reflets, où les franges d'écume orangée, le poitrail blanc ou rose des nuages, les grandes zones rouges à écailles, traversées par de petites fumées ébouriffées, se mêlent dans une confusion magnifique. Même caractère dans l'aspect de la terre. Au Nord, le paysage n'est jamais qu'une forêt élaguée, avec des percées et des clairières. C'est le fouillis végétal qui en donne le ton. Le sourcil noir du sapin, la dentelle tremblante du bouleau, se mêlent au feuillage massif du chêne et du hêtre, tandis que plus bas foisonnent les euphorbes gonflés de venin, les aristoloches, le lierre et ses grappes, le houx avec ses éblouissants miroirs. En Grèce au contraire il n'y avait pas de forêts, si ce n'est en Étolie et en Acarnanie, c'est-à-dire dans les provinces placées en dehors du grand mouvement intellectuel ; quelques petits bois en Arcadie, en Eubée, sur le Parnasse ; et ce bois était si médiocre qu'on ne pouvait s'en servir pour la construction des vaisseaux ; on en faisait venir d'autre de Macédoine. Quelques petits bouquets d'oliviers, de figuiers, de lauriers roses, laissaient tout son relief à l'ossature minérale de la contrée. Ce qui donne essentiellement le ton du paysage en Grèce, c'est la roche primitive avec ses arêtes saillantes, ses contours fins et secs dessinés sur le fond clair du ciel. Ainsi nul entrecroisement, nulle surcharge ; rien ne rappelle le fouillis végétal ; des aspects simples, clairs, naturellement divisés, voilà ce que la nature offrait chaque jour à la vue des Grecs. Pour qui n'a point vu ces contrées, le fond des tableaux de Raphael avec leurs horizons délicats, leurs montagnes d'un profil si net, leurs arbres semblables à une fine lance surmontée d'un bouquet de petites feuilles espacées qui respirent à l'aise dans l'azur du ciel, peut donner l'idée des impressions répétées qui ont fait l'éducation des sens encore flexibles de la race grecque.

Cette analyse crée une première présomption, c'est que l'ordre, la clarté, le goût des distinctions nettes, l'horreur de la complexité et de la surcharge seront des qualités profondes et invétérées du génie hellénique. En ce genre, il n'y a point de mesure absolue ; chaque époque, chaque race a la sienne. Un profil qui nous paraît rompu et refouillé à l'excès n'a que de la

grâce et de la variété aux yeux de l'Hindou. Où nous
croyons sentir une élégance sobre et une noble rete-
nue, d'autres trouveront qu'il y a indigence et nudité.
La même décoration est ici riche et substantielle, là
surchargée et surabondante; ici elle est une écriture
ornée où l'on démêle aisément la pensée de l'artiste;
là elle représente comme un griffonnage indéchiffra-
ble qui fait cligner des yeux le spectateur; les sens
réclament une phrase mieux scandée, des lettres plus
espacées, des syllabes plus distinctes. Il y a donc, pour
chaque siècle et pour chaque peuple, un *étalon* particulier du goût, et l'on peut dresser en quelque sorte
une échelle indiquant le degré de *tolérance* relative des
races en fait de *complexité*. Or la place des Grecs est
au plus bas de cette échelle, leur tolérance est très-
faible (1). Tout ce qui ressemble à l'entrecroisement,
au fractionnement, à la superposition, au fouillis,
cause évidemment aux architectes grecs un malaise
très-vif; ils l'évitent avec une répugnance naturelle et
toute spontanée. Ils recherchent les grands partis, les
divisions larges, les contours arrêtés et précis, ils ai-

---

(1) « L'excès de toute chose sensible, dit Aristote, détruit l'organe
qui la sent. » — Et ailleurs : « La sensation est un certain rapport
et une certaine puissance à l'égard de l'objet senti, et cela même
nous fait voir clairement pourquoi les qualités excessives dans les
choses sensibles détruisent les organes de la sensation. Si le mouvement est plus fort que l'organe, le rapport est détruit (et ce rapport
était pour nous la sensation), tout de même que l'harmonie et l'accord sont détruits quand les cordes de la lyre sont trop fortement
touchées. » Cette profession de principe ne fait que traduire en langage abstrait la susceptibilité et les appréhensions d'une sensibilité
accoutumée, par l'exemple de la nature environnante, à ne se plaire
qu'aux impressions simples et lentes, et à n'aimer que les ensembles
que distinguent l'aération et l'espacement des parties.

ment en un mot le clair et le simple. Ce caractère est manifeste dans toutes les parties de l'édifice : dans les lignes extérieures , c'est-à-dire dans les profils qui se découpent sur le vide ; dans les lignes intérieures, c'est-à-dire dans les joints et les moulures que séparent les divers membres solides ; dans les jeux de lumière ; dans la composition élémentaire et la place des ornements.

A première vue, et quand on ferme à demi les paupières pour ne voir que la silhouette générale, le temple grec est un solide géométrique des plus simples. C'est un parallélipipède, une boîte allongée, dont la façade présente un triangle superposé à un carré. Dans cet édifice imité de la construction en bois, rien ne rappelle les formes végétales ; tout se rapproche du modèle minéral que la nature environnante offre et recommande à l'artiste dans les fermes arêtes de ses montagnes de marbre. Essentiellement, un monument comme le Parthénon est un cristal, et un cristal de l'espèce la plus simple, c'est-à-dire d'une génération facile à déterminer.

Examinés isolément, les profils donnent la même impression de simplicité et de netteté. La ligne des rampants du fronton se découpe pure et ferme sur l'azur du ciel ; elle n'est jamais agrémentée de découpures ; jamais le contour latéral de la colonne n'est torse ou fuselé. La surface inférieure d'un linteau ou d'une architrave reste plane et nue ; rien d'analogue à ces arcs gothiques ou arabes dont chaque voussoir est un lobe saillant orné d'un pendentif. La plupart des courbes, au moins dans les beaux exemples, sont à grand rayon et rapprochées de la ligne droite (1). Si le contour se creuse, il se creuse faiblement; c'est une ondulation, non un évidement, comme dans la scotie de la base romaine (2). Comparé d'une manière plus générale au profil romain, le profil grec se distingue par le moindre nombre des moulures, par le caractère subordonné des surfaces courbes, qui deviennent au contraire prédominantes au temps de l'Empire (Viollet-le-Duc). Personne n'a eu au même degré que l'artiste hellénique cette franchise de jet et cette simplicité de tracé qui produisent la correction et la beauté du *galbe*. C'est ce qu'on peut voir non moins clairement dans leurs amphores, leurs rhytons, leurs cratères. Les délicieux émaux de l'Orient, avec toute l'harmonie de leurs couleurs et la grâce capricieuse de leurs dessins, resteront toujours inférieurs, en ce sens, au moindre vase sorti de la main des Grecs.

Les traits et les moulures qui se dessinent sur le fond solide ont le même caractère. Le grand procédé de l'artiste est la répétition des lignes, non pas seulement d'une manière spéciale et limitée sur chaque partie distincte, mais d'une manière générale et continue sur toute l'étendue et dans toute la hauteur du monument. Trois raies horizontales accusent l'assiette du soubassement et font le tour complet de l'édifice. La colonnade offre sans interruption et à temps égaux (sauf une seule exception), l'image répétée d'une même idée, la tension dans le sens vertical.

(1) Tel est l'échinus des colonnes du Parthénon.
(2) La scotie de la base attique, à Athènes.

S'agit-il d'orner la colonne elle-même? Le Grec n'a pas
même la pensée d'une décoration dans le sens horizontal ou oblique; il répète pour ainsi dire la colonnade
dans la colonne, par les jeux d'ombre et de lumière
qu'y ménagent des cannelures verticales et parallèles.
Ainsi non-seulement il évite les dissonances; mais à
une harmonie de sons variés qui s'accordent, il semble
préférer des voix qui vibrent à l'unisson ou à l'octave,
en répétant toutes la même note. L'architrave dorique
est unie. Les Ioniens rompent cette unité, mais c'est au
moyen de trois droites tracées dans le sens de la plus
grande dimension de l'architrave. Des rainures verticales rayent les triglyphes. L'entablement lui-même
offre une riche suite de traits parallèles horizontaux.
La droite est la plus simple et la plus déterminée de
toutes les lignes, puisqu'il n'y a qu'une seule droite
d'un point donné à un autre : aussi les Grecs en ont-ils
fait grand usage et presque abus. Un temple grec ne se
dessine pas, il *se règle*; c'est un assemblage géométrique, et la rigueur du tire-ligne n'y laisse presque rien
à faire au caprice du crayon.

Il y a deux sortes de décoration monumentale; les
ornements de fantaisie et les tableaux peints ou
sculptés : ce sont les vignettes d'un livre et ses gra-
vures. Deux caractères distinguent les ornements: le
premier est l'extrême simplicité de leur composition ;
ils sont toujours formés par la répétition d'un élément
très-petit et très-distinct. A très-peu d'exceptions près,
il n'y en a pas de positivement continu ; en général, on
pourrait les exécuter comme on l'a fait souvent à
Pompéi, avec un moule de quelques centimètres qu'on

ÉM. BOUTMY.   6

reporterait successivement d'un bout à l'autre de la
bande à décorer ; l'œil fait spontanément cette décom-
position ; il découvre en un instant la petite phrase
d'un ou deux mots qui, à peine achevée, recommence,
et forme à elle seule toute la litanie. Ce que les Grecs
semblent avoir surtout affectionné, c'est la simple
alternance ; dans les *oves et fers de lance*, un élément
aigu et rigide succède indéfiniment à un élément ar-
rondi et mou ; dans les *feuilles d'eau*, une feuille dé-
ployée succède à une feuille effilée et couverte ; dans la
palmette, une main végétale aux doigts étalés succède à
une main aux doigts recourbés en dedans ; ce sont des
espèces de trilles, de cadences rapides qui font presque
l'effet d'une seule note tremblée ; les *postes* avec leur
boucle unique qui se reproduit sans terme, n'ont vraiment qu'une seule note répétée. Pour bien comprendre
la valeur relative de ce mode de décoration, il suffit de
le comparer à la capricieuse géométrie de la décoration arabe, et en particulier des *entrelacs*. Les Grecs
n'ont guère eu d'autre entrelacs que la tresse, qui n'est
pas compliquée, et la grecque, qu'ils ont toujours te-
nue très-simple. Chez les Arabes, non-seulement l'entrelacs a son caractère propre qui est de n'être jamais
interrompu et de se prolonger sans fin, comme ces
câbles qu'on dévide lentement et qui serpentent en se
croisant bizarrement sur le sol ; mais les figures ainsi
décrites sont si compliquées et si vastes qu'il est toujours difficile de trouver *l'élément* dont la répétition
les compose, et que cet élément, quand on le trouve,
est lui-même très-étendu et très-complexe. Souvent
aussi, il y a symétrie inverse, de sorte que la décom-

position élémentaire devient absolument impossible et
qu'il faut accepter un mur tout entier comme une unité
irréductible, comme un *atome* décoratif. Sans doute
on a le sentiment, l'impression vague de la régularité
qui est réellement au fond de ces arabesques ; mais
l'esprit ne la possède pas pleinement et sûrement après
l'avoir saisie d'un coup d'œil ; cette pleine et sûre possession des éléments et de l'ordonnance, succédant à
une perception rapide, c'est là précisément le caractère de la décoration ornementale des Grecs.

Les Arabes, les Hindous, ont appliqué leurs ornements sur des panneaux entiers ; ils en ont fait le texte
monumental lui-même ; chez les Grecs, l'ornement est
toujours resté la vignette d'un texte formé par les
grandes parties de l'édifice ; ces grandes parties restent
nues, tandis que les oves et les fers de lance, les
tresses, les feuilles d'eau, se posent seulement sur l'é-
troite moulure qui les sépare, sur le tænia entre l'architrave et la frise, sur le gorgerin qui précède le chapiteau, sur le tore de la base entre la scotie et le fût,
sur les cymaises qui ondulent au-dessous, soit du larmier, soit du listel de couronnement. Les Grecs ont
conçu l'ornement comme l'accent discret imprimé à
une *limite*, comme une frange légère aux confins
d'une surface unie. Telles les robes et les étoffes qu'on
voit sur leurs personnages, d'une parfaite unité de ton,
cernées seulement par une mince bordure, ou tout au
plus égayées par un semis très-espacé d'étoiles extrêmement fines... Que nous voilà loin de cette gaufrure
universelle que les Arabes appliquent à leur édifice, et
qui est parfois d'un dessin si menu qu'on croirait voir

une sorte de salpêtrage régulier, la plus délicate des cristallisations !

Le même besoin de netteté et de simplicité qui resserre les ornements sur les moulures de séparation, enferme la décoration sculpturale dans des cadres infranchissables : dans le triangle du fronton, entre les triglyphes de la frise. Jamais statue ou relief n'est venu briser les grandes lignes du monument grec, rendre douteux les contours extérieurs, se dresser sur un pinacle et interrompre le profil net du couronnement. Des montants géométriques fortement moulurés empêchent ces envahissements, et indiquent nettement à l'œil où il doit chercher la grande scène ou l'épisode; ce sont des tableaux dans leurs cadres, accrochés à des intervalles égaux.

Dans ces tableaux, nulle recherche des effets d'entrecroisement et de perspective; chose frappante, les premiers peintres, les premiers sculpteurs, faisaient tous en sorte que leurs figures ne se recouvrissent pas et que même l'ombre de l'une ne tombât pas sur l'autre. Cet amour natif de la clarté, ce goût spontané pour les impressions distinctes, impliquaient une préférence pour les développements en surface, plutôt que pour les dispositions où les figures se massent et se masquent partiellement dans la profondeur. Les Grecs, même après s'être affranchis des naïfs scrupules de leurs premiers artistes, gardaient encore certaines prédilections sorties de cette même source; elles restent visibles dans leurs frises et dans leurs frontons, figurés en longues bandes étroites; dans la scène sans profondeur de leurs théâtres. On a remarqué de plus que dans les sculptures des métopes parthénoniennes, qui représentent des épisodes guerriers et partant des mouvements violents, les attitudes contrastées du bas et du haut du corps ont été presque toujours évitées. On craignait que les ombres partielles ne fissent confusion avec les principales ; on voulait une ombre d'une seule venue, enlevant avec vivacité la figure entière sur le fond.

Cette dernière remarque touche à l'entente et à l'usage des jeux de lumière. Un peintre hollandais, vivant dans une sorte de chambre obscure naturelle, peut s'intéresser au rayon détaché qui filtre à travers la brume, se réfracte sur la vitre, lutte avec les ténèbres des angles, oppose son or aux lueurs vermeilles du foyer. Ces espiégleries de la lumière sont ignorées du Grec ; il ne la connaît que sous l'aspect d'un faisceau puissant et indivisible, tombant de tout son poids sur des surfaces nettement taillées et projetant des ombres à la fois fortes et transparentes. Quand même la simplicité des profils et des moulures, imposée par les habitudes optiques, n'aurait pas impliqué une simplicité pareille dans l'emploi des ombres et des clairs, il est probable que l'artiste aurait toujours fait de la lumière un usage large et franc. La nature elle-même lui en donnait l'exemple et lui en inculquait le goût.

On rencontre de nouveau ici, mais seulement au point de vue étroitement limité de *l'optique naturelle* et de la tolérance oculaire, la question de la polychromie. Historiquement, on a vu que cette coutume est née de la tradition asiatique. Théoriquement, on verra

6.

qu'elle se justifie par l'esprit même du programme monumental. Pratiquement, son application soulève à son tour une difficulté ; elle contredit, au moins en apparence, la prédilection des Grecs pour les effets de simplicité et de netteté. Les restaurations les plus vraisemblables, celles de Paccard et de Garnier, sont révoltantes pour nos yeux de gens du Nord et d'hommes modernes. On se demande si ces appels pressés, adressés de toutes parts aux yeux du spectateur, ne devaient pas produire un désarroi extrême, une confusion inextricable, et détruire l'impression calme des moulures et des profils. Dans ce genre d'analyses, il faut se garder de juger une race et un siècle éloignés d'après les exigences ou les intolérances de la sensibilité moderne, et d'appeler contradiction ou inconséquence, dans un domaine d'ailleurs fermé à la logique, un équilibre de facultés sensitives différent du nôtre. Il est possible, il est même vraisemblable que les Grecs aient eu à la fois moins de tolérance que nous pour la complexité linéaire, et plus de tolérance que nous pour le heurt et le choc violent des couleurs. Au reste, il faut bien reconnaître qu'il y a ici brutalité, plutôt que confusion essentielle ; l'impression brouillée que nous ressentons vient de l'éblouissement que produisent toutes ces couleurs voyantes sur des sens trop faibles ; mais on conçoit parfaitement que des sens plus frais et plus dispos aient trouvé dans ces teintes unies, vives, franches, et différentes suivant le membre auquel elles étaient appliquées, un secours de plus pour bien distinguer les parties de la construction. Ce qui devait, bien plus que ces couleurs disposées en damier, tirer et fatiguer l'œil, c'étaient ces placages métalliques d'or, d'airain, de bronze doré, figurant les armes, les baudriers, les parures des personnages. Quoi qu'il en soit, et à quelque parti qu'on appartienne dans la controverse touchant la polychromie, on est bien forcé de reconnaître qu'il y a eu chez les Grecs, sur ce point particulier, une manière de sentir qui n'a rien de commun avec la nôtre.

Un caractère non moins frappant de l'impression sensible, telle que les Grecs l'aiment et la goûtent, c'est l'exquise mesure. Les formes humbles et discrètes de la nature que j'ai essayé de dépeindre n'attiraient pas seulement l'esprit au dehors; elles lui inculquaient le goût de cette humilité et de cette discrétion. Le paysage était une école de tempérance; il enseignait à chaque heure la beauté du calme et de l'harmonie dans un champ étroitement limité. De là cette frappante médiocrité des dimensions monumentales, plus d'une fois signalée par les critiques d'art. Entre les temples, palais ou colosses de l'Égypte ou de l'Assyrie, et les édifices ou statues gigantesques des empereurs romains, la Grèce, avec ses monuments, fait l'effet d'un cabinet de réductions et de miniatures. Lisez l'*Attique* de Pausanias après avoir parcouru en esprit la Rome Néronienne, il vous semblera être entré dans un musée en plein air, formé des modèles en petit des monuments de la vraie ville. Les très-grands temples, celui de Diane à Éphèse, de Jupiter à Sélinonte et des géants à Agrigente, l'Héræum de Samos, le temple de Cybèle à Sardes, le Mausoléum, sont hors de la Grèce proprement dite. Le seul

monument religieux de l'Hellade qu'on puisse leur
comparer, le Jupiter olympien à Athènes, quoiqu'il
ait été conçu dès l'origine sur une très-vaste échelle (1),
n'a peut-être pris qu'au temps d'Antiochus ou d'Adrien
les dimensions qu'on observe dans ses ruines. Le Parthénon, qui paraît aujourd'hui d'une grandeur très-
ordinaire, est appelé par Pausanias le *grand* temple
de Minerve. Généralement le siècle de Périclès s'en
tient à des hauteurs et à des superficies moyennes, et
je ne sais s'il y a un édifice de cette époque qui ait ap-
proché, pour la masse, d'un édifice comme la Madeleine. Ce n'est point par des effets *absolus* que l'artiste
cherche à émouvoir le spectateur, mais par des effets *relatifs*. Il n'est indifférent aux *dimensions* que
parce qu'il est extrêmement sensible à la beauté des
rapports; pour la première fois, devant cette nature
tempérée, l'homme n'a pas subi le prestige accablant
de l'énorme et du démesuré; la dimension ne lui a pas
caché la proportion; aussi le Grec a-t-il été le premier à s'apercevoir que la puissance de l'impression
n'est pas absolument en raison de la grandeur mathé-
matique. Il a vu, pour ne citer qu'un exemple, que la
répartition des pleins et des vides concourt bien plus
efficacement à l'air de majesté d'un édifice que son élévation. Combien le Parthénon, presque deux fois
moins haut que la Madeleine, n'est-il pas plus noble
que cette pédante imitation du temple grec! L'une
des plus grandes découvertes de la Grèce dans les
arts a été cette substitution du *comparatif* au *positif.*

(1) Dicéarque.

Le positif pur, dans la langue des formes, n'est pas autre chose que l'indéterminé; c'est ainsi que Delacroix disait qu'il n'y a pas de couleur réelle, mais seulement une couleur *locale*, définie et caractérisée par les teintes qui l'avoisinent. En présence de ces paysages harmonieux et équilibrés, où aucun trait ne tire à lui toute l'attention, la Grèce n'a pas tardé à reconnaître que, surtout dans les limites où l'art est renfermé par la faiblesse de l'homme, la différence de *quantité* n'a pas par elle-même d'effet sensible, et que tout ce qui agit sur les sens n'est qu'un effet de *relation*. Le déplacement de l'idéal, passant de la nature à l'homme, changeait déjà le culte des masses et de la richesse exubérante en un goût raisonné de l'appropriation et de l'harmonie ; l'éducation des sens par le paysage a agi dans une direction parallèle, en démontrant, dans de petits cadres naturels, les secrets puissants de la mise en valeur, en découvrant, dans toute son étendue, l'efficacité des rapprochements et des contrastes, et en rattachant toute beauté sensible à la vertu des *rapports*.

La profonde étude que les artistes grecs ont faite des *proportions* n'a point d'autre cause. Ce qu'on trouve dans Vitruve à l'état de théorie froide et rigide, suppose toute une longue période de recherches souples et sinueuses autour des effets de grandeur, de masse, de relief. « Ce temple est trop étroit pour sa longueur ; cette colonne est trop maigre pour sa hauteur; ces solides veulent entre eux de plus amples lacunes ; l'agrément se fait trop attendre sur ces parties lisses » : voilà les réflexions que je crois lire à tout in-

stant dans la pensée de l'architecte. Les Grecs ont ap-
profondi avec ferveur et raffiné avec un tact exquis ces
rapports abstraits, qui sont comme la *grammaire générale* de l'architecture. C'est au point qu'on s'est auto-
risé de leur exemple pour prétendre que la beauté
n'était pas autre chose que la fidélité aux proportions,
ce qui revenait à confondre le *style* avec la correction,
l'éloquence avec le génie de la langue. Winkelmann
considérait déjà les jeux de la physionomie comme un
principe de corruption pour le type sculptural; on s'est
plu à penser que le type architectural avait échappé en
Grèce aux atteintes du besoin d'*expression*, et que les
prédilections des sens, réduites en formule, avaient
seules déterminé ses formes et réglé ses dimensions.
Assurément aucun jugement n'est plus inexact. Les architectes grecs ont su mettre la beauté expressive à son
rang, qui est le premier; dans l'art monumental comme
en littérature, ils n'ont pas ignoré que la grammaire
n'est pas tout; que les *grands effets* naissent d'une expression individuelle et spéciale, créée sur place par
une émotion intense; que, bien loin de dépendre de
la règle inférieure qui gouverne les rapports généraux
et extérieurs de la forme avec les exigences des sens,
ils sont souvent dus à une violation locale et justifiée
de cette règle. Mais il est vrai que les Grecs ont commencé par déterminer, avec toute la perfection que
donne une sagacité spéciale et native, la structure élémentaire de la langue architecturale, et qu'ils ont fini
par porter partout les scrupules de puriste contractés
dans ce premier travail. En ce sens, et par leur respect
des proportions abstraites, ils s'opposent nettement

aux Gothiques, auxquels ils ressemblent par tant
d'autres points de leur méthode.

Ainsi éclairée et formée, épargnée et ménagée par
la nature, la sensation avait chez l'Hellène une puissance de vibration et une subtilité extraordinaires. En
effet, il semble que la nôtre soit émoussée et grossière
au regard de la sienne. Sa sensation est subtile, c'est-
à-dire que dans un geste quelconque, la main levée,
par exemple, il distinguera vingt impressions quand
nous n'en sentirons qu'une ; elle est vibrante, c'est-à-
dire que, pendant que notre impression nous laissera
calmes et presque indifférents, les siennes seront ac-
compagnées d'une jouissance ou d'une souffrance très-
vives. Aussi le voit-on dès l'origine attacher une grande
importance à la forme, et dans la forme, aux plus délicates nuances. Dans l'action oratoire ou dramatique,
il n'a pas besoin de grands mouvements ; Périclès par-
lait la main enveloppée dans les plis de son manteau ;
jusqu'à Cléon, tous les orateurs gardèrent cette même
attitude ; le célèbre démagogue fut le premier à « tenir
la main dehors » (c'est le mot de l'historien) ; et le
peuple flétrit du nom de singe le premier acteur
qui s'avisa de faire des gestes imitatifs. Et pourtant,
dans ce débit si paisible et si dépouillé, ils goûtaient
le prestige de l'éloquence, l'émotion tragique ou comique. Nous ne pouvons pas nous empêcher d'être
surpris lorsque nous lisons que le tétramètre iambique
était vif et passionné, le tétramètre anapestique héroï-
comique, le tétramètre trochaïque allègre et dansant.
Nous ne sentons plus aujourd'hui la valeur expressive
de ces différentes mesures, et nous n'avons, dans les

langues modernes, que des réminiscences fort altérées
de ces distinctions, qui agissaient avec tant de force
sur les sens et sur l'esprit des Grecs. Dans l'éducation,
ils n'attachaient pas moins de prix à la forme. De même
que la beauté leur paraissait une partie de la vertu, la
pureté de la diction leur semblait une partie de la sagesse ; on prenait le plus grand souci d'apprendre aux
jeunes Grecs à bien prononcer, à mettre de la puissance et de la variété dans le débit, à donner à chaque
syllabe l'intonation, à chaque mot l'accent, à chaque
phrase le rhythme convenable. Souvent ils s'accompa-
gnaient avec la lyre ; une sorte de piété envers la
beauté humaine avait fait proscrire la flûte, dont l'usage
aurait pu altérer les traits de la face. On ne s'attachait
pas moins soigneusement à marquer la place de la
voix ordinaire sur la portée, le nombre des notes sur
lesquelles elle pouvait se promener, et l'ordre des intervalles. On peut affirmer en gros qu'il n'y avait dans
la musique grecque qu'une seule gamme, aussi étendue
que le champ même des vibrations perceptibles ; la
différence essentielle entre les *modes* venait de la place
de la note initiale, de la *tonique*. Ce peu suffisait toutefois pour constituer des systèmes musicaux absolument séparés, et ces systèmes avaient un effet si puissant et si distinct sur les sens délicats des Grecs, qu'on
faisait une affaire de savoir lequel aurait place dans
l'éducation, ou même serait admis dans la cité. Aussi
put-on croire à une révolution sociale, à voir l'émoi des
gouvernants et l'insistance des philosophes, lorsque
Timothée ajouta quatre cordes à la lyre et essaya certaines altérations du son. A Sparte, les éphores eux-

mêmes s'en mêlèrent, firent couper les quatre nouvelles cordes sur l'instrument du chanteur, et partout
les sages crièrent à la corruption des mœurs, comme
s'il suffisait d'une nuance de plus ou de moins dans
l'impression sensible pour altérer la belle attitude morale que les Grecs souhaitaient à leurs enfants. Voyez-
vous de nos jours le Sénat conservateur mettre la
même chaleur qu'il a dépensée dans la question de
l'enseignement libre, à décréter la suppression du
mode mineur dans les opéras! Nous en ririons sans
doute, et non sans sujet, aujourd'hui que nos sens
émoussés opposent tant de résistance aux impressions
extérieures. Pour les sens fins de la noble race, la forme
sensible faisait souverainement vibrer à l'unisson le
fonds moral de l'homme; la vertu, le beau maintien,
les pures sonorités n'étaient point séparés. Au lieu de
s'adresser directement à l'âme, l'éducation prétendait
l'atteindre à travers les sens, et elle y réussissait. Elle
remplaçait toute discipline morale abstraite par une
atmosphère d'ordre, d'harmonie, de beauté. L'enfant, vivant au milieu d'attitudes nobles, de gestes décents (1),
d'inflexions de voix mesurées, sentait peu à peu les

(1) Cette appréciation semble contredite par les obscénités d'Aristophane, par les sarcasmes intempérants des fêtes de Déméter. Mais
il semble précisément que les Grecs fissent en gros et en une fois la
part de la folie, afin que le reste de leurs jours appartînt sans mélange au décorum et à la juste mesure. Ils épuisaient d'un seul coup
la veine de gaieté grossière que nous laissons filtrer lentement et au
hasard dans notre vie. Aristote dit expressément que l'État doit
bannir, non moins que toute parole inconvenante, les statues et les
tableaux indécents, *sauf dans le culte des Dieux qui président, aux
termes de la loi, à l'allégresse insolente.* Il interdit d'ailleurs aux
jeunes gens d'assister soit à des ïambes, soit à des comédies (Pol.,
VII, 15).

ÉM. BOUTMY.   7

qualités que ces formes expriment pénétrer du dehors jusqu'à son cœur. Instinctivement, il mettait son for intérieur d'accord avec ces impressions si fines et si pénétrantes. Comme on règle involontairement son pas sur la musique qu'on entend auprès de soi, il réglait son allure morale d'après le rhythme de cette pure et grave harmonie dont ses yeux et ses oreilles étaient continuellement bercés. Il ne faut pas moins qu'une extrême subtilité des sens, qu'une prodigieuse divisibilité de la sensation pour justifier cette prépondérance de la forme dans l'éducation, et pour expliquer comment un geste de plus dans un orateur, une corde de plus à la lyre, une attitude nouvelle dans un simulacre divin, faisaient l'effet d'une affaire d'État ou d'un dogme nouveau, et devenaient le sujet d'une polémique passionnée.

Ce tact supérieur a laissé son empreinte dans l'art monumental des Grecs. Il y a dans leurs édifices des recherches et un raffinement qui n'ont rien du caractère des époques de décadence, et qui indiquent seulement une étonnante délicatesse de sensibilité. Les moindres détails portent l'empreinte de cette subtilité, qui n'a d'égale que la franchise et la simplicité de l'artiste dans les grands *partis*. S'agit-il de régler en plan le tracé des cannelures, le Grec se garde bien de les évider à l'excès, solution vulgaire ; mais il les compose de trois arcs de cercles de rayons différents, et creuse davantage les deux arcs extrêmes, afin de faire ressortir, par le voisinage d'un approfondissement dans l'ombre, l'acuité lumineuse de l'arête. Le Romain remplacera par un banal demi-cercle cette complexité savante. Les

cannelures des triglyphes sont plus éloignées de l'œil
que celles de la colonne ; la lumière, arrêtée par le sur-
plomb du larmier, ne les éclaire le plus souvent que
par reflet. Au lieu de les arrondir suivant une courbe
concave très-ouverte, l'artiste les entaille en bizeau,
étroitement et profondément ; la rainure garde ainsi
toute sa valeur, même dans l'ombre de la corniche.
Dans les effets concertés et dans les effets d'ensemble, il
y a la même dépense de finesse et de subtilité que dans
ces effets locaux et spéciaux. Voici, je suppose, une
transition à ménager entre deux organes très-différents.
Il s'agit de passer de la colonne dorique à l'architrave,
celle-là étant verticale et cylindrique, celle-ci étant horizontale et rectangulaire. On sait en quoi consiste la
transition et par quels caractères elle se distingue de la
séparation ; dans la seconde, l'œil est arrêté et retenu ;
dans la première, il ne trouve nulle part une station
et un repos ; et, soit impétueusement, soit lentement,
mais d'un mouvement continu, il avance vers les parties auxquelles il importe de le conduire. Le fin procédé par lequel le musicien change une à une les notes
d'un accord, les autres se prolongeant, de façon à rendre imperceptible le changement total de ton, est aussi
celui où l'artiste grec s'est montré maître dans la transition du fût à l'entablement. Un premier trait horizontal, la rainure, essaye de limiter l'élancement vertical
des cannelures ; elle y échoue, et les cannelures se
prolongent au delà ; des traits plus nombreux, les annelets, leur résistent de nouveau et les arrêtent enfin ;
formés de fines entailles, la rainure et les annelets laissent dans l'œil une première impression encore dis-

crête, et pour ainsi dire un commencement d'habitude de l'horizontalité. Au-dessus, l'*échinus* (1), rappelant encore par sa forme arrondie le cylindre du fût, se rattache d'autre part à l'architrave par l'arrangement de ses dimensions, c'est-à-dire par la supériorité de sa largeur sur sa hauteur. Son profil, assez voisin de la verticale, et lié continûment à celui de la colonne, commence néanmoins à douter, à s'infléchir, à revenir sur lui-même, de façon à effacer sans heurt l'impression de rigidité laissée par les cannelures. L'*abaque* (2) n'est que la moitié du tailloir primitif et intégral, l'échinus représentant l'autre moitié dont on a abattu les angles inférieurs. L'œil passe donc aisément de l'une à l'autre de ces parties. Il trouve dans la dernière une forme parallélipipédique et un rapport de dimensions tout à l'avantage de la largeur : ce sont les deux conditions géométriques essentielles de l'architrave, qui succède immédiatement à cette sorte d'exemplaire réduit d'elle-même, dernier terme d'une transition extraordinairement étudiée. Quand on analyse de près cet enchaînement d'effets si savant et si délié, on s'étonne que certains juges compétents aient trouvé quelque chose de brutal et de heurté dans le chapiteau dorique. Peut-être après tout était-ce au dorique sicilien, ou même au dorique romain, si différent du dorique athénien, que s'adressait cette critique. Le collier saillant de la colonne latine, son quart de rond géométrique n'ont rien en effet qui ressemble à une transition fine. Au contraire, quelle gradation plus étudiée et plus coulante

(1) C'est le cône tronqué qui s'évase sous l'architrave.
(2) C'est la tablette qui supporte l'architrave.

que celle de la colonne parthénonienne. Les chapiteaux ioniques et corinthiens, si justement admirés à d'autres titres, sont bien loin de cette délicatesse presque subtile, jointe à une parfaite sobriété.

Chose frappante : il semble que l'œil en Grèce soit un *sophiste* comme l'esprit ; consommé dans l'art de subordonner les effets, l'artiste se plaît souvent à mêler et à fondre, par la vertu des valeurs relatives, deux caractères absolument contradictoires. C'est ainsi qu'on voit agir ensemble et de concert, dans le Parthénon, deux tendances entre lesquelles nous ne savons plus qu'opter : un goût passionné pour ce qu'il y a de net dans les formes géométriques, et une horreur profonde pour ce qu'il y a de brutal dans ces mêmes formes. Considéré de loin et légèrement, le Parthénon offre, dans son ensemble et dans toutes ses parties, des solides réguliers, de véritables cristaux ; toutes les surfaces planes ont un périmètre régulier ; on ne voit partout que figures à génération simple, triangle, carré, rectangle, parallélipipède, cylindre. Pas une forme veule ou douteuse, compliquée et difficile à définir. Que l'on approche davantage et qu'on regarde avec plus de soin, on verra que de ces innombrables lignes droites il n'y en a pas une seule qui soit vraiment droite. L'horizontale du soubassement est courbe ; les génératrices des colonnes sont courbes, les rampants des frontons sont parfois courbes. En un mot, tandis que l'impression générale et sommaire est celle d'une netteté parfaite, géométrique, cristalline, l'impression plus profonde et plus intime qui se mêle à la première et qui arrive aux sens comme enveloppée, est celle d'une sorte d'élasti-

cité, d'une grâce flexible. Sensible sans être percep-
tible, ignorée de l'esprit au moment même où nos yeux
en jouissent, elle ne soulève aucune contradiction, et
elle suffit pour changer la raideur minérale des formes
rectilignes en une fermeté vivante et souple du plus
puissant effet (1).

Un autre exemple entre mille des exigences de ce
tact si délicat, c'est cette pratique particulière aux
Grecs que je ne saurais mieux nommer que « la contradiction préventive ». Quand on veut juger de l'effet
d'une forme ou d'une combinaison de formes sur des
sens fins, le meilleur moyen est d'étudier ce même
effet sur des sens raffinés ou exaltés par la maladie. Voici
un névropathique regardant une poterie posée, bien à
plat d'ailleurs et solidement, sur le bord d'une terrasse.
Cette poterie *peut* tomber ; mais le névropathique ne
pensera pas qu'elle *peut* tomber, il sentira qu'elle *va*
tomber ; un degré d'exaltation de plus, et il croira voir
qu'elle *tombe*. Cette hallucination se retrouve, à un
moindre degré, dans une sensibilité saine, mais très-
délicate. En présence d'un désordre simplement possible, elle éprouve une sorte de malaise instinctif ;
une obscure inquiétude erre autour de sa jouissance.
De là le procédé si finement imaginé par le Grec ; il
contredit d'avance le mouvement qu'on pourrait crain-
dre, en commençant imperceptiblement juste le mou-

_____

(1) Il y a des lignes qui sont un monstre : la droite, la serpentine
régulière, surtout deux parallèles. Quand l'homme les établit, les
éléments les rongent. Les lignes régulières ne sont que dans le cer-
veau de l'homme. De là le charme des choses anciennes et ruinées ;
la ruine rapproche l'objet de la nature. (Pensée de Delacroix, recueillie
par M. Ph. Burty sur l'un des carnets du grand peintre).

vement contraire. Grâce à ce correctif, la sensibilité s'apaise, et l'anxiété vague qui la troublait se dissipe. Voici par exemple le fronton qui vient reposer sur la colonne d'angle, où aboutit déjà l'entablement latéral. On sent instinctivement que ces charges poussent sur cette colonne, et qu'une action s'exerce pour la déverser en dehors. L'artiste grec ne se contente pas de la grossir, il la déverse sensiblement en dedans ; par là il nous rassure. En accentuant dans un sens le mouvement de la colonne réelle, il redresse la colonne imaginaire, inclinée en sens opposé, que notre appréhension nous faisait entrevoir. Le même artifice a été employé pour les murs de la Cella. Il n'est pas moins distinct dans le portique des Errhéphores, au temple d'Érechtée. Chaque caryatide raidit en effet la jambe qui regarde l'extérieur et fléchit celle qui regarde la ligne médiane de la façade. Il n'y a point ici, que je sache, d'inclinaison *réelle* en dedans ; mais l'attitude des statues en éveille discrètement la sensation, et par là elle refoule l'appréhension d'un déversement en dehors, qui naît spontanément à l'aspect d'un support angulaire.

On pourrait, à la rigueur, expliquer par un calcul du même genre la courbure que le Grec a imprimée à son entablement. On sait, en effet, que cet entablement est légèrement convexe dans le plan vertical. Or ses extrémités sont fortement arc-boutées par deux colonnes inclinées d'un plus fort diamètre que les colonnes intermédiaires. Au contraire, son milieu, soutenu par des appuis plus grêles et plus espacés, paraît supporter le poids des grandes figures du fronton. Une appréhen-

sion naturelle tendra donc à faire fléchir en apparence
cette longue ligne à sa partie médiane. C'est pourquoi
le Grec l'aurait, suivant une interprétation plausible,
redressée légèrement; en esquissant une déformation
inverse de celle que pressent l'instinct secret du jeu
des forces, il aurait voulu écarter la vague inquiétude
qui pénétrait de malaise la sensibilité du spectateur.
Cette explication, que nous avons longtemps professée,
est aujourd'hui, à nos yeux, plus spécieuse que vraie.
Il est suspect qu'elle ne puisse rendre raison que d'un
petit nombre de faits voisins de celui qu'elle éclaire.
Elle doit céder la place à une autre conjecture qu'on
verra tout à l'heure prouver sa justesse en donnant la
clef de tout un vaste ensemble de formes et de caractères. Elle n'en reste pas moins un exemple plausible
et délicat de l'artifice que nous avons appelé *la contradiction préventive*. On peut mesurer, par les analyses
qui précèdent, quel degré de finesse ce procédé suppose dans la sensibilité oculaire. Avec nos sens émoussés, notre imagination lente, nos yeux qui, à force de
savoir, ne daignent plus voir les choses, nous ne com-
prenons pas plus le correctif que nous n'éprouvons le
malaise dont il nous délivre; les fines exigences du
goût et les effets délicats qui les contentent nous échappent également.

On voit en quoi consiste ce qu'on peut appeler le
goût ou le *sentiment* chez les Grecs. Il est plus subtil
que fécond, plus pénétrant que vaste; il est, par
avance, *intellectuel*. Dans le domaine du pur *instinct*,
l'Oriental est très-supérieur à son disciple. Avant que
l'esprit hellénique ait pris possession de lui-même,

quelle pauvre figure fait son voyant étalage, digne de
paysans enrichis ou de matelots pillards, auprès des
magnificences royales de l'Assyrie ou du luxe dynas-
tique des marchands de Sidon. Les sens si déliés des
Grecs ne sont point par eux-mêmes *créateurs d'ensem-*
bles; ils ne savent que se mettre au service de l'esprit
et compliquer ses problèmes de leurs fines exigences.
C'est dans des beautés élémentaires ou fractionnaires,
dans des harmonies aisément décomposables qu'on les
voit à l'œuvre sous l'empire de la raison, siége central
de la génération artistique. Il nous reste maintenant
à suivre dans son évolution cette faculté maîtresse.
Naître, grandir, lutter, vaincre et abuser de la victoire,
voilà les étapes du progrès rapide accompli par l'intelligence, et l'art grec en porte la profonde et multiple
empreinte.

II

L'INTELLIGENCE

Il suffit de parcourir un chant d'Homère pour y observer l'énergique déploiement du sentiment de la réalité. Le poëte aime la nature ; il la goûte jusque dans l'extrême détail. Le moyeu d'une roue, une barque, un sceptre, sont conçus et décrits avec une précision de commissaire-priseur. De petits paysages comme l'île de Calypso ou celle du Cyclope révèlent un amour curieux des choses extérieures. Mais les comparaisons, surtout, trahissent en quelques mots une profonde étude des choses extérieures. Quand les servantes infidèles d'Ulysse sont pendues en rang dans la cour, le poëte les compare à des colombes ou à des grives prises dans des rêts : « Elles agitent un instant leurs pieds et bientôt cessent de respirer et de vivre. » Dans le palais d'Alcinoüs, un grand nombre de femmes sont occupées à broyer le froment et à d'autres travaux domestiques ; leurs mains, dit le poëte, sont perpétuellement agitées comme les feuilles du peuplier. Je ne sais où, un guerrier étant tombé, Homère voit les battements du cœur soulever encore et faire trembler le trait enfoncé dans la poitrine. On ne saurait pousser plus loin l'aptitude à bien voir et à distinguer le détail.

Avec l'art de dépeindre les formes naturelles, le Grec en a le goût. Pour ses sens fermes et dispos, la description pure et simple d'un objet quelconque est déjà une œuvre d'art. L'exactitude est à elle seule une beauté. Il faut descendre jusqu'à la Renaissance pour retrouver ce simple et franc amour de toutes les formes sensibles.

Dès l'origine, cependant, on reconnaît que ce sentiment si vif de la réalité n'est pas seul. Il est dans le voisinage et dans la dépendance d'un penchant bien autrement énergique, j'entends le goût du classement et de l'ordonnance, ou plus précisément *l'esprit distributif et analytique*. A les étudier de près, ces descriptions même, si exactes, ne sont pas celles que produit une vue toute passive de la réalité ; on y sent moins l'empire de la sensation que l'intervention active et façonnante de l'esprit diviseur et classificateur. Prenez par exemple ce petit tableau flamand, si délicieusement rentoilé par le traducteur Jamyn :

Télémaque ouvrit l'huis de sa chambre bien faicte,
Se mit sur son séant, sur sa couche bien nette ;
Sa robe simple et molle à l'instant despouilla
Et de la sage vieille es mains il la bailla,
Qui, l'ayant nettoyée et l'ayant bien pliée,
La pendit à la perche auprès du lit clouée,
Puis sortit de la chambre et tira de son doigt
Avec l'anneau d'argent la porte quant à soy
Et avec la courroie aux deux côtés pendue
Ha la barre fermante en travers estendue.   (*Odyssée.*)

Il est impossible de voir plus clair et de dire plus net.
Pas une lacune, pas un enjambement d'un trait sur
un autre, pas une ombre ou un ton brouillé. Tous les
objets sont éclairés avec la même force, comme s'ils
étaient sur un même plan ; tous les moments de la
sensation ont la même importance et ne diffèrent que
par leur rang dans la procession ordonnée où ils s'espacent. Mais peut-être, au sein même de cette perfection, manque-t-il cette hiérarchie des détails, ce re-
culé des plans, cette fuite de la perspective qui sont
le caractère d'une vision absolument naturelle et nor-
male. Il y a dans ces dix vers quelque chose de plus
remarquable que la puissance originelle de la sensation, c'est le besoin de connaître et la perfection de la
méthode. *Voir pour savoir* est la meilleure expression
de cette nuance. Ces détails égaux entre eux, qui occupent des cadres secondaires régulièrement distri-
bués dans le grand cadre, font penser à ce treillis
géométrique, que l'artiste novice trace sur son modèle,
afin de savoir au juste la place et les proportions de
chaque partie. On ne sent pas l'homme qui prononce
avec l'accent que lui dicte son émotion, mais plutôt
l'enfant prodige qui trouve à lui seul l'art d'épeler, et
qui épèle avec attention et netteté. Ici, ce n'est pas la
réalité telle quelle qui s'impose à l'esprit ; l'esprit dé-
borde sur elle, il la découpe afin de la connaître. Le
plaisir du classificateur remplace l'ivresse simple de
l'homme sensible, et le goût de l'ordonnance et de
l'enchaînement s'accuse, avec une énergie supérieure,
à côté du sentiment de la réalité.

Ce qu'on observe dans l'arrangement des sensations

ne s'observe pas moins nettement dans l'arrangement des idées. L'un des traits les plus frappants de la phrase homérique, c'est que l'omission et le sous-entendu y sont sans exemple. Je ne crois pas qu'on puisse signaler dans l'Iliade ou dans l'Odyssée une ellipse ou une enthymème. Bien mieux, quand le poëte hésite entre deux hypothèses contradictoires, il ne manque jamais de les exprimer toutes les deux. Un personnage moderne, se préparant à revoir son père après un long exil, dirait avec Ulysse : « Je veux voir si mon père me devinera et me connaîtra avec les yeux » ; préoccupé surtout d'un désir et d'une espérance, il n'aurait nul besoin d'énumérer tous les cas possibles et de voir se balancer sous ses yeux une alternative logique irréprochable ; il n'ajouterait donc pas, comme le fait Homère : « ou s'il ne me reconnaîtra pas, à cause de ma longue absence ». Ce besoin de distribuer les idées dans une ordonnance régulière et sans lacune, et de les déployer en quelque sorte sur un même plan, est l'un des caractères les plus frappants de la langue homérique.

On tient ainsi le premier terme et la clef de l'évolution la plus profonde qui se soit accomplie dans le génie grec. Si nous avions eu à faire l'histoire de la sculpture, nous aurions suivi, à partir de la période fabuleuse, les progrès du sentiment de la *réalité individuelle* ; nous aurions vu ce sentiment refouler, circonscrire, remplacer les créations imaginaires. Mais, presque en même temps, nous aurions pu distinguer, même dans cet art essentiellement imitatif, une autre puissance toute intérieure qui survient et dispute l'em-

pire aux images reçues du dehors : c'est l'esprit distributif, tel que nous venons de le définir. Visible et actif
dans toutes les formes d'art, il s'accuse nettement et
profondément en architecture. Le sentiment de la
réalité recule à son tour devant ce penchant énergique
qui se développe sans interruption, revêt à chacun de
ses progrès une physionomie nouvelle et plus complète, façonne et ordonne la sensation passive, découpe et échelonne la conception créatrice, pénètre
par ses déductions jusqu'aux plus humbles particularités, et en remonte jusqu'à un système étroit et puissant auquel tout se rattache par des liens visibles, et
où s'enchaîne pour jamais la faculté génératrice des
grandes œuvres.

Il y a dans l'architecture grecque un caractère qui
répond très-justement au premier terme de cette évolution spirituelle, c'est-à-dire à l'aptitude proprement
analytique : c'est celui qui ne peut être mieux désigné
que par ce mot : spécialisation des organes. En physio-
logie comparée, on compte parmi les perfections d'un
type qu'il y ait un organe pour chaque fonction, qu'il
n'y ait pas plus d'un organe pour chaque fonction, et
qu'il n'y ait pas plus d'une fonction pour chaque organe. Ce principe a été appliqué avec rigueur par l'artiste grec. Premièrement, on voit qu'il s'est proposé
de créer autant de parties distinctes qu'il y a de rôles
différents dans son édifice ; secondement, on voit qu'il
cherche incessamment à différencier ces parties pour
l'œil du spectateur ; troisièmement, on voit qu'il s'ef-
force d'écrire lisiblement la nature de chaque fonction
dans les formes propres à chaque organe. Pour peu

qu'on étudie un édifice comme le Parthénon, on sera
doublement frappé, et de ce que les divisions y sont
nombreuses, et de ce qu'il n'y en a pas une seule qui
ne réponde à une différence dans les fonctions mécaniques. Quel contraste avec les monuments romains,
où, dans un même membre (l'unité du membre étant
déterminée par l'unité de l'expression ou du travail
matériel), les moulures les plus variées se multiplient
en vue d'une simple impression de richesse ! Le Grec
divise autant qu'il peut, mais non arbitrairement ; il y
a une limite à la divisibilité de l'organe, c'est l'indi-
visibilité de la fonction. Inversement, il ne fait jamais
remplir deux rôles mécaniques différents par le même
membre architectural ; il n'y a guère dans son édifice
d'instrument à deux fins. Ainsi s'explique la façon
dont il a traité le *mur*. Quoique le mur serve parfois
de support intermédiaire, il est essentiellement pour
le Grec un organe de séparation et de clôture, et il n'y
a d'organe propre de soutènement que la colonne. La
curieuse construction du soubassement cellaire (1),
formé de deux parements que sépare un vide (2), serait un contre-sens, si le mur était autre chose qu'une
simple cloison. C'est le même point de vue qui dirigeait
encore les architectes postérieurs, lorsque, dans leurs
temples pseudopériptères, reportant le mur de la cella
à l'aplomb de la retombée du toit, ils ont néanmoins
conservé les colonnes à l'état de fûts engagés. Ils in-

(1) La cella est la chambre fermée qui se trouve à l'intérieur du
portique.
(2) A Égine, il semble que ce soit le mur tout entier qui soit
formé de deux parements distincts. (Voy. Garnier, *Restauration*.)

diquaient par cette disposition que les colonnes seules avaient fonction de support, et que le mur était un simple écran rigide dressé entre les étais sur lesquels venait reposer le comble. Le Grec ne distingue pas seulement au fond les membres de son édifice, il les différencie rigoureusement par la forme. C'est ainsi que, dans le Parthénon, les parties qui travaillent et celles qui n'ont aucune fonction mécanique reçoivent deux genres très-différents de décoration. A celles-ci la statuaire, aux autres les moulures architecturales. L'Hindou n'hésite pas à creuser une niche dans ses piliers et à y poser une statue. Le Gothique, dans le même but, évide son mur de façade, creuse les voussures de ses portes, ajoure ses pinacles. Le Grec n'admet point que la statuaire se répande ainsi sur les parties qui concourent à la solidité; il n'applique à ces parties d'autre décoration qu'une mouluration plus ou moins variée et agrémentée, et il réserve à la statuaire les *vides* qui s'ouvrent entre les membres solides de l'édifice. Nulle part, dans le temple grec, les statues ne se creusent une place dans un *plein*. Elles occupent le tympan du fronton, c'est-à-dire l'intervalle des arbalétriers et de l'entrait ; elles remplissent la métope, c'est-à-dire l'intervalle des extrémités des *solives*, ou, mieux encore, le vide des hautes baies de l'édifice primitif. Mais les parties de la construction sont respectées; elles conservent leur accent propre, leur ordre spécial de formes, et, par là, elles restent distinctes dès le premier coup d'œil.

Enfin ces formes ne sont pas seulement différentes, elles sont caractéristiques; elles indiquent à l'esprit la fonction de l'organe qu'elles revêtent. On saisit ici le nouveau *principe plastique* qui remplace la copie plus ou moins arbitraire. A l'imitation succède l'appropriation. Voyez la colonne égyptienne ! celle-ci est vraiment une copie fidèle, une reproduction aveuglément servile. L'*apophyge*, c'est-à-dire l'étranglement du fût à sa base, figure le rétrécissement que les plantes bulbeuses affectent au sortir du sol ; les feuilles recouvertes qui enveloppent l'*apophyge* représentent les imbrications d'où sort le tronc ; elles se reproduisent à la base du chapiteau, à l'instar des bractées qui soutiennent la corolle. Souvent la colonne est côtelée, comme si elle était formée d'un faisceau de tiges ; pour les tenir réunies, des liens épais, semblables à des cercles de tonneau, s'étagent en haut du fût. Les chapiteaux sont de deux sortes ; ils figurent, soit la fleur conique en bouton, soit la fleur évasée par l'épanouissement. Avec un point de départ semblable, que devient la colonne grecque ? Les considérations de stabilité font disparaître l'apophyge. Les cannelures ne sont plus les reliefs d'un tronc côtelé ou des nervures rondes représentant des tiges en faisceau : destinées à indiquer avec force par un même trait répété et comme par un écho multiple la direction verticale de l'effort, elles esquissent des creux où s'approfondit l'ombre, derrière des arêtes vives qui accrochent le jour. Le dessous du chapiteau n'a plus l'aspect enrubanné qu'on observait dans la colonne égyptienne ; le Grec se contente d'une suite de fines entailles qui n'ont aucune ressemblance avec des liens et qui n'ont d'autre rôle que de faire pressentir la terminaison des cannelures. En redressant

le profil de l'échinus, en le rendant camard, en le
ramenant sur lui-même à la partie haute, le Grec est
infidèle à l'analogie florale; mais c'est qu'il cherche
à rendre plus net, plus dégagé, plus visiblement efficace, le geste que semble faire la colonne, en s'appro-
chant de l'architrave, pour en diminuer la portée.
Jamais le Grec n'aurait tracé des figures verticales sur
l'architrave, à l'exemple de certains architectes égyptiens; il sait trop bien que ce membre architectural est
une sorte de soubassement supérieur, destiné à unir
entre eux des membres espacés, et qu'une telle fonction
ne comporte que des accents horizontaux. Les ciselures
verticales montrent de même le sens de la tension du
triglyphe. Partout enfin, la direction des forces est
marquée aussi nettement que lorsqu'on indique par
des flèches, sur les cartes marines, la direction des
courants. Toute l'organisation intérieure et pour ainsi
dire le jeu dynamique de l'édifice devient visible dès le
premier regard. Ainsi, dans toutes les parties, on voit
décliner à vue d'œil l'étroite religion de la ressemblance
littérale pour faire place à une préoccupation d'un autre
ordre, celle qui se propose d'inscrire, dans les formes
extérieures, la fonction mécanique de chaque organe.
L'artiste n'imite plus, il invente d'après certaines données; il n'est plus l'esclave d'une fantaisie aventureuse,
il est le ministre d'une appropriation savante, il ra-
conte à l'esprit dans un seul regard le rôle essentiel
de chaque membre architectural. Ainsi se complète
cette spécialisation des organes, commencée par l'esprit analytique, et les analogies symboliques de l'Orient
achèvent de s'y effacer sous la pression d'une logique
créatrice.

Par ce dernier mot, nous touchons au second terme
de l'évolution spirituelle. La raison, en effet, ne s'arrête pas à ce premier degré de maturation que nous
avons appelé l'esprit *analytique*. En se développant elle
prend une physionomie et des allures nouvelles ; elle
devient l'esprit *logique*. L'habitude de voir distinc-
tement et de mettre en rang tous les éléments d'une
question est en effet ce qu'il y a de plus propre à faire
découvrir l'ordre et l'enchaînement par excellence,
je veux dire l'ordre et l'enchaînement dialectique.
Cette aptitude était restée étrangère à l'Orient. Les
idées de l'Oriental sont mêlées les unes aux autres ;
chaque groupe monte séparément et en gerbe du sein
d'une émotion dominante. Comment démêlerait-il les
divisions, les oppositions, les analogies de ses pensées ? La marche de son esprit lui échappe, parce
qu'elle ne figure pas une évolution suivie et saisissable,
mais un mouvement ramené sur soi-même et inextri-
cablement entre-croisé. Le Grec, au contraire, toujours
maître de lui-même, commence et achève sans interruption l'étude du monde intérieur ; sur cette trame
qui se déroule sans lacune sous une lumière immobile,
il distingue aisément tous les fils qui rattachent les
idées entre elles, les accouplent ou les séparent. De
toutes ces observations, il fait un art ; il compose et
raffine cette marche savante de la pensée qu'on appelle
la *dialectique*. Substituer le procédé logique au procédé
intuitif, telle a été l'œuvre caractéristique de la Grèce
en tant qu'opposée à l'Orient.

L'énergie et la prépondérance de l'esprit logique se
montrent dans toutes les œuvres du génie grec ; elles

vont croissant à mesure que ce génie se développe.
Quand Aristote promulgue le syllogisme dans ses Ana-
lytiques, il ne fait que mettre en *loi* une habitude qui,
suggérée par un instinct vivace, fortifiée par une longue
pratique, faisait depuis longtemps partie des mœurs de
l'intelligence. L'omniprésence, la présence en excès de
la *déduction* sont le caractère commun de toutes les
branches du développement spirituel en Grèce. Ici le
raisonnement tient la place que devrait occuper l'expérience. Le scolastique, dont le trait essentiel est le dé-
classement du procédé d'observation, ne date point du
moyen âge ; ses ancêtres sont Platon et Aristote. Là, le
syllogisme empiète sur le domaine réservé du sentiment. Dans les tragédies grecques, s'il y a une large
part faite à la peinture exacte des caractères, que de fois
une glaciale prolixité nous transporte du théâtre sur les
bancs d'une école de rhétorique ! « Jamais pour mes
enfants, si j'avais été mère, dit Antigone à Créon, jamais pour un époux, si j'avais eu à pleurer sa mort, je
n'aurais tenté, malgré les défenses publiques, la démarche que j'ai faite pour mon frère Polynice. Quel est
donc le motif qui a dicté ma conduite? Après la perte
d'un époux, j'en pourrais trouver un autre ; mais
quand mon père et ma mère sont descendus chez Plu-
ton, la perte d'un frère n'est plus réparable. » Dans la
même tragédie, Hémon et Créon discutent dans le langage le plus abstrait, d'abord en se répondant vers par
vers, puis en se mettant à l'aise dans deux longs ali-
néas, les droits de la royauté et du peuple. Le chœur
écoute, juge, décerne la palme au meilleur dialecticien, ou, plus fidèle encore à son rôle de rhéteur scep-

tique, il repartit l'éloge entre les défenseurs habiles de deux thèses *probables*. Il sourit à Créon en ces termes : « Si notre jugement n'est point affaibli par l'âge, il nous semble que tes paroles sont dictées par la sagesse ». Il n'est pas moins favorable à Hémon : « O roi, il est juste de l'écouter, s'il ouvre un bon avis, et toi mon fils, écoute ceux de ton père ; car des deux côtés vous avez *bien parlé*. » Ainsi le plaisir que cause un raisonnement bien fait est assez vif pour qu'on interrompe, pour l'introduire, la peinture suivie des âmes et le mouvement de l'action vers la crise. Un syllogisme ne saurait être déplacé nulle part, même en plein pathétique, et nul ne s'avise de trouver que cette rhétorique abstraite, sans lien avec les sentiments du héros, fasse à la fois un vide et une tache dans la trame des caractères dramatiques.

Cette intempérance même révèle l'intensité et l'activité sans bornes de l'*esprit logique*. Prépondérant en architecture comme ailleurs, il est le plus fécond des *principes plastiques* qui règlent le choix et l'invention des formes. Assurément il serait présomptueux de dire que toutes les parties de l'œuvre d'Ictinus sortent d'un travail intellectuel conscient, d'un raisonnement dont tous les *joints* sont visibles. Il y a en effet des déductions rapides et comme enveloppées qui ont l'aspect de jugements intuitifs ; l'important n'est pas qu'elles aient été réduites en syllogisme dans la tête de l'artiste, mais qu'elles y soient réductibles. En ce sens il n'y a pas un seul détail dans le Parthénon qui ne soit, sinon raisonné, au moins raisonnable. L'art où le Grec excelle et où il est sans rival, est celui de *subordonner les idées*.

Il s'agit par exemple de régler le tracé des deux verticales convexes qui figurent latéralement le profil de la colonne. Créer une impression d'élasticité sans affaiblir l'impression de fermeté, de légèreté et de stabilité qui convient à un support, tel est le problème délicat agité et résolu par l'artiste. D'une part les courbes seront des hyperboles, de telle sorte que leur convexité diminuera à mesure qu'elles s'élèvent ; ainsi elles paraîtront d'autant plus fermes et plus résolues, qu'elles seront plus près du point où commence leur effort pour soutenir les parties hautes ; de plus, si convexes qu'elles soient, elles ne sont jamais fuselées, c'est-à-dire que leur diamètre maximum est toujours à leur base, ce qui est la condition et le signe d'une parfaite stabilité. De même, dans la colonnade intérieure qui a fonction de mener l'œil jusqu'à la statue, l'artiste, décidé à opposer une double ordonnance de colonnes à l'unité du jet de la statue, avait à régler au juste le degré d'intensité de cette opposition délicate. Évidemment, la sensation essentielle est celle de l'avenue étroite qui détermine le courant du regard vers l'idole. Le doublement est une idée accessoire, une beauté de surcroît, dont l'effet doit rester faible ; c'est en outre une fiction, puisque, dans le Parthénon du moins, il n'y a pas deux étages correspondants aux deux ordonnances, et cette fiction fût devenue choquante si elle eût été trop accentuée. Semblable au musicien qui étouffe sous son doigt la vibration de la corde qu'il touche avec l'archet, le Grec semble, en traitant les détails de sa colonnade à deux étages, n'avoir d'autre objet que d'atténuer et d'assourdir l'impression qu'il a

volontairement cherchée. Il fait les deux ordonnances
de même style ; il les sépare seulement par une mince
architrave; il donne à la seconde ordonnance, pour
diamètre inférieur, à peu près le diamètre supérieur de
l'ordonnance du bas. Ainsi on croirait voir une seule
colonne en deux sections. L'idée de *doublement* subsiste; mais elle se subordonne et s'efface dans sa forme;
de manière à ne pas attirer l'attention sur elle-même,
et à n'agir que de côté, par un discret mélange qui ne
retarde ni ne détourne le courant de l'impression
principale.

Appliqué à l'ensemble de l'édifice, l'art de subordonner les idées prend un autre nom; il devient l'art
de composer. Si l'on rapproche en effet l'une de l'autre les déductions partielles découvertes à la racine de
chaque forme particulière, on voit qu'elles s'agencent
de manière à former une sorte de hiérarchie dialectique, qui offre, au sommet, les grands partis du programme, tandis qu'au-dessous s'étagent les dispositions secondaires, puis les arrangements accessoires,
et enfin les purs détails. C'est comme une suite de
figures, dont la première et la plus étendue contient les
premières données de celle qui vient immédiatement
après, et ainsi de suite, de sorte qu'à la fin, le premier
cadre se trouve entièrement et richement rempli. Il
est de mode aujourd'hui de croire que le génie
est par essence intuitif, qu'il tombe au rang de *talent*
dès qu'il raisonne, qu'il perd sa force plastique dès
qu'il devient conscient, qu'il ne travaille efficacement
qu'en pleine masse et sur un fouillis primitif d'où il
dégage par degrés l'image définitive, qu'enfin il ne

saurait descendre d'idées très-générales à des idées de plus en plus particulières, sans perdre dans cette marqueterie d'abstractions l'unité de ton et les effets d'ensemble qui sont le but le plus élevé de l'art. Si nous en croyons les indices, à la vérité toujours récusables, qui nous révèlent la manière de composer des Ictinus et des Mnésiclès, cette méthode condamnée est celle qu'ils ont suivie avec un succès sans égal. Jamais la beauté et la grandeur de l'impression générale n'ont été plus frappantes, quoiqu'elles semblent le résultat d'une longue et multiple déduction. Le Parthénon, le plus parfait des édifices, est une superposition de syllogismes. On peut écrire à la base du fronton : nul n'entre ici s'il n'est dialecticien !

Ce caractère, qui n'est ici qu'indiqué, sera mieux éclairci et justifié par la monographie du temple grec qui doit être le couronnement et la conclusion de ces études. En ce moment il convient de poursuivre jusqu'au bout l'évolution de l'esprit grec et ses conséquences. La raison, en effet, n'en reste pas à la forme saine et substantielle de l'esprit logique ; elle s'aiguise, se raffine, se perd dans le détail, s'égare dans de vaines entreprises. Poussée en avant par une sorte de vitesse acquise, elle sort de la région moyenne où elle ne faisait qu'un avec le bon sens ; elle s'enivre de ses propres procédés, et comme elle a passé de la simple analyse à la dialectique, elle passe de la *dialectique* à la *sophistique*.

On sait en quoi consiste la sophistique ; elle n'est pas seulement l'habile maniement du subtil et de l'ingénieux ; elle est la poursuite pour ainsi dire friande du spécieux, l'art de rendre probable ce qui n'est pas, de donner à l'apparence les caractères de la réalité. Découvrir, non le vrai, mais le vraisemblable, prouver le pour et le contre, se jouer de la raison par le raisonnement, telle a été, au temps de Socrate, la prétention commune des sophistes. Cette prétention se retrouve en architecture; elle s'y est annoncée d'abord par l'extrême raffinement, elle s'y accuse enfin par la recherche du pur spécieux, du prestige, de l'illusion. L'artiste ne se contente pas de multiplier ses effets en proportion de la vigilance et de la délicatesse de la sensibilité à laquelle il s'adresse; il a encore la prétention de tromper cette sensibilité, et de produire, non plus une impression solide et vraie, mais une hallucination subtile et attrayante. Héliodore de Larisse a fait en quelques mots la théorie de ces sophismes optiques, si goûtés de ses concitoyens. « La fin de l'architecte, dit-il, est de mettre son œuvre en harmonie avec les exigences des sens, et d'inventer des procédés pour duper la vue dans la mesure où cela est possible, en se posant pour but, non la symétrie et l'eurhythmie réelles, mais la symétrie et l'eurhythmie apparentes. » Assurément, rien n'est plus puéril et plus inefficace que cette recherche de l'illusion oculaire. Une simple remarque la condamne : c'est qu'il est presque impossible de tromper la vue sur tous les points à la fois; il reste toujours quelque sensation non transformée qui, rompant l'unité du mensonge, trahit à la fois la vaine prétention et l'humiliante faiblesse de l'artiste. Vous annulez, dans les dimensions, la fuite d'une perspective, mais vous n'annulez pas la dégradation de la lumière

et l'assombrissement des couleurs, et cette contradiction suffit pour détruire l'illusion en démasquant l'artifice. Toutefois, on ne peut nier que les Grecs n'aient
eu à un haut degré l'ambition et le talent de faire des
trompe-l'œil. C'est à cette tendance, résultat de l'eni-
vrement dialectique et premier symptôme de décadence, que se rattache l'un des artifices les plus remar-
quables qui se rencontrent dans le Parthénon : je veux
parler de l'artifice *augmentatif*, qui a pour objet de
faire paraître, par tous les moyens possibles, l'édifice
plus grand et plus spacieux qu'il ne l'est réellement.
Supposons qu'un édifice comme le Parthénon ait cent
fois ses dimensions réelles en hauteur, en largeur et en
longueur : il se produira un certain nombre d'effets de
perspective très-sensibles et faciles à noter. Par exemple, les colonnes parallèles paraîtront se rapprocher
l'une de l'autre à mesure qu'elles s'élèvent ; les génératrices de chaque colonne produiront la même illusion, les jambages des portes pyramideront ; quant
aux lignes horizontales, leurs extrémités étant vues
obliquement paraîtront s'abaisser par rapport au centre qui sera vu perpendiculairement ; d'autre part, les
intervalles successifs soit des fûts, soit des triglyphes sembleront plus étroits en raison de leur éloi-
gnement, et se resserreront d'une manière indéfinie. Eh bien, tous ces effets, l'artiste grec les a
reproduits artificiellement et accentués à dessein
dans son édifice de moyenne grandeur. Il n'a point
laissé la perspective agir seule ; il l'a secondée en
faisant dévier réellement les directions qu'elle fait
dévier en apparence. C'est ainsi qu'il a incliné l'un

vers l'autre les jambages des portes, les montants des
fenêtres, les axes des colonnes; il a tracé suivant une
direction oblique les génératrices de la colonne, de
telle sorte que celle-ci représente un tronc de cône;
il a fait fléchir réellement les extrémités des lignes de
l'entablement, qui ont déjà l'air de fléchir par l'effet de
la perspective; il a courbé de même le soubassement,
parce que, le temple étant fort surélevé par rapport au
reste de l'Acropole, sa surface d'assiette est au-dessus
du niveau de l'œil et d'elle-même paraît déjà convexe.
Les abaques de la façade ont été tenues plus larges que
celles des flancs, celles du flanc nord ont été faites décroissantes de l'est à l'ouest, afin que le côté, qui mesure la profondeur du temple, parût avoir une fuite
plus rapide et partant une longueur plus grande. Enfin,
si l'on considère avec Penrose les métopes de la façade
principale, on voit que celles des extrémités varient
pour la largeur entre 4,050 et 4,150, tandis que celles du
milieu varient entre 4,282 et 4,375. C'est la diminution
naturelle de la perspective accentuée et exagérée. Ces
faits ont un sens parfaitement net et défini. Quoiqu'on
puisse trouver à la rigueur un petit nombre de faits ex-
plicables en sens contraire, on ne saurait douter qu'il
n'y ait eu là un parti-pris général d'imiter artificiellement les effets de perspective qui se seraient produits
dans un monument beaucoup plus étendu. Sans doute
l'indication est discrète, elle n'en est pas moins positive et assez marquée pour frapper les yeux, pour les
pénétrer de l'impression fictive d'une grandeur supérieure à la grandeur réelle. Un tel artifice nous donne
la mesure, non-seulement de l'extrême raffinement de

l'artiste, mais aussi de la prodigieuse subtilité de sensation du spectateur qu'on entendait satisfaire par de
tels procédés.

Enfin, l'évolution rationnelle dépasse même les limites de l'esprit scolastique; elle parvient à une forme
nettement définie qui en est comme le terme extrême,
celle de l'esprit *systématique*. Le Grec n'éprouve pas
seulement le besoin de raisonner tout ce qu'il fait, de
le raisonner sur place et en tenant compte des circonstances, de le rattacher aux vérités moyennes, aux
règles du sens commun. Il a la passion de tout mettre
en théorie, de tout réduire aux formules générales les
plus simples. Ce penchant se traduit, dans les sciences,
par une recherche prématurée et exagérée de l'unité;
dans les arts, par l'abus et l'omnipotence de la règle.
Quoi d'étonnant? Si l'Orient est l'enfance maladive de
l'humanité, la Grèce n'en est-elle pas l'adolescence
saine, florissante, ambitieuse, pleine d'une foi qui va
jusqu'à la présomption? C'est le propre de cet âge.
L'enivrante sensation de force que produisent les principes généraux la première fois qu'on les découvre,
qu'on les manie, qu'on les fait rayonner dans le chaos
des faits, engendre chez le jeune homme le désir im-
périeux d'en trouver en tout de semblables, et alors de
tout régler par eux, de faire dépendre d'eux jusqu'aux
moindres détails, en même temps qu'il les combine,
les résume, les relie à des principes plus élevés et
moins nombreux : de telle sorte qu'à la fin d'un seul
axiome souverain on puisse descendre sans interruption jusqu'aux plus humbles faits, jusqu'aux plus loin-
taines particularités. Ramener les ensembles à des for-

mules générales nettes et précises dans la science, pratiques et infaillibles dans l'art, rattacher toutes ces formules à une seule : telle a été l'ambition perpétuelle et la prétention croissante du génie hellénique.

A la vérité, il n'y a rien de semblable aux origines. L'esprit n'a encore d'autre chaîne que la tradition ; quand il s'en dégage, il se montre libre, souple, aisé ; l'ordre parfait dans lequel il se tient indique quelque chose, non de réglé, mais de régulier par nature. Le fin jugement de M. Egger sur le style d'Hérodote, «grammatical avant la grammaire», s'applique aux premières œuvres du génie grec. Mais, dès que ce génie prend conscience de lui-même, le courant qu'on vient de signaler apparaît et s'accuse. On le reconnaît dans les sciences, à la poursuite impatiente, prématurée et présomptueuse d'un principe unique. En philosophie naturelle, une seule substance nous donnera le dernier mot de l'Univers : ce sera l'eau ou le fluide pour Thalès, le feu pour Héraclite, l'air pour Anaximène, le nombre pour Pythagore. En philosophie morale, après une rapide classification des penchants humains et des fins qu'ils se proposent, une seule question restera debout, celle de la fin suprême, du souverain bien, du bien unique. Pour les uns, ce sera l'*anesis*, c'est-à-dire le relâchement délicieux de l'âme au sein de la volupté ; pour les autres, le *tonos*, c'est-à-dire la tension vibrante d'une âme maîtresse d'elle-même, insensible à tout autre plaisir que celui de se dominer et de dominer la fortune. Ainsi, la riche variété des penchants humains est méconnue ; le goût de la simplification à outrance produit une théorie étroite

8

où la vérité se déforme, où la vie s'appauvrit et se dépouille, où l'âme étouffe et se glace. Dans les arts, le même abus de l'esprit logique se révèle par le goût de la réglementation, par l'intempérance législative. Voyez la politique. La Grèce est le pays des constitutions idéales : la république de Platon est le meilleur exemple de ces chartes de papier, de ces cadres généraux tracés d'avance et loin de la réalité, où l'on prétend ensuite faire entrer et fonctionner sans accident cette chose ondoyante et complexe, cette gerbe de contradictions, ce flot gros d'actions et de réactions qu'on appelle l'homme.

Mais c'est surtout dans les arts proprement dits, j'entends dans les arts de la *forme,* qu'il est intéressant de suivre ce penchant régulateur, ordonnateur et simplificateur. Cela commence par l'art oratoire. C'est une date funèbre que celle de la 78e Olympiade (466 av. J. C.). Cette année-là paraît le *Manuel de rhétorique* du Syracusain Corax, le premier livre connu où il soit traité théoriquement d'un art quelconque. C'est le premier exemple de ces classifications sommaires, de ces règles roides et sans souplesse, sans chaleur plastique, qui, avec la prétention d'aider l'inspiration, l'ont gênée, refroidie, étouffée et, à la fin, ensevelie, comme une plante étiolée à l'ombre d'un buisson de tuteurs. C'est la première collection de ces cadres tout faits qui, par degrés, se sont agrandis et enrichis au point que le *fond,* la *toile,* a pu disparaître sans qu'on s'aperçût qu'il n'y avait plus de tableau. De là date la funeste théorie des topiques, c'est-à-dire des lieux communs généraux où l'orateur va puiser quand il est à court, au lieu de presser le sujet lui-même. En ce sens, on peut dire qu'après avoir légué au monde les plus admirables modèles littéraires, les Grecs lui ont légué, en finissant, le principe le plus délétère, le plus destructeur de toute beauté vraie. Ce même goût de la règle à outrance se montre en effet dans tous les autres domaines ; comme il a enchaîné l'éloquence dans la rhétorique, il enchaîne la sculpture dans la symétrie et le canon ; dans l'art dramatique, il engendre le principe des trois unités, et son rayonnement vient, à deux mille ans de distance, refroidir notre XVIIe siècle. En architecture, enfin, il rédige par degré toute cette législation spécieuse, à la fois rigide et incohérente, qui, après avoir étouffé l'œuvre d'art véritable, a fourni un cadre magnifique à la pauvreté pompeuse des Romains et aux contre-sens de la Renaissance.

Vitruve, qui n'est que l'édition latine des architectes de l'époque d'Alexandre, nous révèle en effet le curieux travail dont ces derniers ont consigné les résultats. De tout temps l'esprit grec, en s'appliquant au problème d'art, s'est efforcé de le simplifier, de le ramener à une formule moins *complexe* et plus *générale*, c'est-à-dire facile à appliquer et applicable à tous les cas possibles. Le premier symptôme qui révèle cette tendance, c'est la substitution de *l'équation de la colonne* à *l'équation du temple*. « Construire un temple » est une expression excessivement vague, et ainsi énoncé, le problème comporte les solutions les plus variées. Le théoricien grec, en parcourant la série de ces solutions, fait comme le mathématicien qui, ayant à résoudre des équations à plusieurs inconnues, les écrit toutes *en fonction* d'une seule *inconnue*. Il écrit tout *en fonction de la colonne*; il classe tous les genres par rapport à la *colonne*. Considère-t-on le plan des temples, on voit paraître le prostyle, l'amphiprostyle, le péri-ptère, le pseudopériptère, le diptère, le pseudodiptère, qui ne diffèrent entre eux que par la disposition de la colonnade, ici limitée à la façade, là développée sur tout le pourtour; ici simple, là double; ici largement espacée, là serrée contre le mur cellaire. Abordez-vous un autre chapitre, vous rencontrez, soit les édifices hexa-styles, octastyles, décastyles, etc... ainsi nommés d'après le nombre des colonnes de façade, soit les temples sys-tyles, eustyles, diastyles, aréostyles, qui sont caractéri-sés par la distance des colonnes entre elles. Un peu plus loin vous trouverez les ordres qui se distinguent surtout par la forme des colonnes, si même il ne se trouve pas que cette forme soit leur unique différence, comme pour le corinthien et l'ionique. Il semble qu'au lieu de considérer, et partant de remanier chaque fois le *type* en son entier, le Grec ait cru pouvoir atteindre aussi sûrement le but, en ne considérant et ne faisant varier qu'un seul élément. Ne garder qu'un terme du problème en éliminant les autres, telle est la préten-tion, digne d'un algébriste, qu'il n'a pas tardé à con-cevoir; et c'est ainsi qu'un fait aussi secondaire que le déplacement et le changement de forme de la co-lonne en est venu à mesurer et à limiter en entier le champ d'évolution du type architectural.

Dans l'ordre d'apparition des grands styles et dans le caractère qui les distingue, on reconnaît la trace du passage de ce sophisme algébrique. Le dorique est le

style vraiment et purement grec ; il domine pendant
toute la période archaïque ou au siècle de Périclès.
L'ionique, emprunté à l'Assyrie, le corinthien qui ne
s'est complété qu'entre les mains des conquérants latins, ont surtout fleuri au temps d'Alexandre et pendant la période romaine. Or, dans le dorique, la colonne est encore un membre subordonné, l'entablement reste la partie dominante ; c'est ce que montrera
tout à l'heure l'analyse du Parthénon. Porté sur une
colonnade basse et sobrement ornée, prodigieusement
étendu en surface, l'entablement dorique déroule près
de l'œil la décoration animée et pleine de sens de sa
frise et de son fronton. Mais, de bonne heure, cette
puissante conception est délaissée ; Vitruve n'en a plus
la clef ; il n'en sait plus que le *nom* et il le cite comme
celui d'un système depuis longtemps passé de mode.
Dans l'ionique et dans le corinthien, qui, dès lors,
supplantent le dorique, la colonne n'est plus un
membre secondaire ; elle devient le grand trait monumental. Une base élégante la sépare de la terre ; son
opulent chapiteau, plus semblable à une terminaison
qu'à une transition, la sépare de l'entablement. Ainsi
détachée et isolée entre ses deux extrémités, elle s'é-
lève indépendante et comme pour elle-même ; elle
n'est plus un support, mais un *édicule* complet et parfait. Au-dessus d'elle les parties supérieures s'effacent
par le niveau même où les reporte la hauteur plus
grande de la colonne ; en outre, elles se subdivisent et
leurs dimensions réelles s'amoindrissent ; leur décoration perd enfin, en cultivant des ornements arbitraires
qui ne s'adressent qu'aux sens, sa valeur morale et son

vif intérêt dramatique. Que disent désormais à l'esprit
cette architrave amincie, avec ses moulures agrémen-
tées, cette frise à bucranes ou à rinceaux, cette corniche surchargée de feuillages et de joyaux? Le chapiteau corinthien qui s'allonge, merveilleusement décoré
de ses feuilles d'acanthe, écrase de son voisinage la
frise privée de ses grands épisodes héroïques. Que dis-
je? c'est ce chapiteau, c'est cette suite magnifique de
grandes vasques fleuries qui est la frise véritable, et le
reste est réduit au rôle de simple couronnement. Quand
Vitruve appelle *ornamenta*, ornements de la colonne,
les membres de l'entablement, il caractérise d'un mot
la révolution préparée par l'esprit réducteur et algébriste de l'artiste grec, je veux dire le triomphe de la
colonne, ramenant tout à elle et résumant en un seul
terme toute la complexité du programme monumental. L'étude des différents styles, dans leur succession
historique, ne fait donc que confirmer l'intéressante
conclusion qui ressortait déjà à demi de la classification vitruvienne, et où s'accusent à la fois l'aptitude et
le défaut les plus caractéristiques de l'intellect grec.

Le théoricien va plus loin; non-seulement il substi-
tue au problème développé un problème réduit à un
seul terme; mais il méconnaît les conditions indivi-
duelles et locales qui seules peuvent engendrer une
œuvre d'art vivante, pour chercher des solutions typiques qui conviennent, non plus à un seul cas particulier, mais à tout un genre. C'est ainsi qu'il réduit à trois
ou plutôt à deux modes déterminés (car le corinthien
est à peine grec), les moyens généraux d'expression
dont dispose l'artiste. Les styles dorique, ionique,

corinthien forment une échelle qui va de la gravité à
la délicatesse (1). On n'a rien à chercher en dehors de
ces cadres définis ; point de solution intermédiaire ; ce
sont comme les modes majeur et mineur en musique ;
il faut nécessairement qu'une mélodie appartienne à
l'un ou à l'autre. Je ne doute pas que ces trois styles
soient restés plus flexibles entre les mains des Grecs
qu'entre celles de leurs disciples ; néanmoins ce sont
les Grecs eux-mêmes qui, de très-bonne heure, ont
clos la période créatrice et remplacé l'invention par
l'option entre ces types fixés d'avance : le dorique,
l'ionique, le corinthien, sont en architecture ce que
les *topiques*, les *lieux communs* sont en rhétorique ; les
uns et les autres sont nés du même penchant spirituel
qui, après avoir passé de la libre inspiration à la méthode, passe de la méthode à la recette.

L'idée que l'orateur emprunte à tel ou tel *topique*
peut revêtir les formes les plus variées ; les théoriciens
grecs n'ont pas toléré cette indétermination en architecture. Le dorique, l'ionique et le corinthien ne sont
pas restés des styles ; ils sont devenus des *ordres*, c'est-
à-dire des systèmes dont toutes les parties sont d'a-
vance définies dans leur forme et fixées dans leur proportion. Avec un fémur, Cuvier reconstruisait un
vertébré paléontologique : un tronçon de colonne suf-
firait pour retrouver l'élévation d'un temple. Si le
dessin des cannelures indique le style ionique, c'en
est assez pour prévoir à la suite les formes de tous les
membres monumentaux, de la base, de l'architrave,

_____

(1) Vitruve, I, 16.

de la corniche. Le diamètre du fût prédit de même, à
lui seul, toutes les dimensions des parties. C'est ce
diamètre qui est le module, c'est-à-dire l'unité, ce
qu'il faut entendre en ce sens que toutes les longueurs
sont dans des rapports numériques exacts et fixes avec
cette grandeur unique, et qu'il suffit qu'elle soit déterminée pour que tout le reste le soit non moins stricte-
ment. Qu'on donne à deux architectes, travaillant
séparément, le texte de Vitruve, un chiffre exprimant
le module, et le nom de l'ordre qu'on préfère, ils
aboutiront à deux figures monumentales identiques et
pour ainsi dire superposables. Sans doute, les artistes
de la grande époque ont échappé à cette servitude ;
leurs œuvres en font foi. Ils ne subissaient pas la grammaire, parce qu'ils la faisaient ; ils n'en ont pas moins
forgé des chaînes pour leurs descendants et pour
leurs imitateurs. La tyrannique théorie des proportions
est issue de leurs libres et heureux tâtonnements, diri-
gés, limités, réduits à une régularité machinale par le
penchant systématique. L'excès naturel de l'esprit
d'analyse et sa prétention de tout ramener à des règles
générales ne se sont jamais mieux trahis que dans ce
formulaire, que l'artiste suit aveuglément, et qui construit à lui seul tout l'édifice autour d'une première
forme donnée. Un barême tient lieu d'inspiration et
de génie.

Un homme d'esprit qui avait beaucoup étudié l'architecture orientale, accusait formellement le style
grec de stérilité. Il eût été plus juste de dire que son
admirable fécondité n'a pas duré longtemps. Après
avoir créé avec une sûreté de logique qui n'ôtait rien

à la fraîcheur de l'inspiration, le type le mieux approprié à son grand programme idéal, l'artiste a cédé la place à l'algébriste; possédé de l'esprit d'analyse, il s'est avisé de décomposer son œuvre ; il y a poursuivi, non pas seulement l'unité profonde et la vaste hiérarchie que nous allons essayer d'y retrouver, mais une unité artificielle et superficielle, où l'idée disparaît derrière le désir de faciliter l'œuvre pratique. Réduire l'œuvre d'art à une œuvre de science, engendrer le beau par une évolution de chiffres, voilà la seconde ambition que l'esprit grec a conçue, après que la première avait été satisfaite par le réussi des œuvres du siècle de Périclès. Il y a eu là un curieux changement *d'attitude*. Une prodigieuse finesse, une flexibilité sans limite avaient abouti à un exemplaire irréprochable ; ce résultat atteint, l'exemplaire a servi de point de départ à une analyse d'un tout autre caractère ; il a semblé que sa perfection consacrait tous les rapports et donnait l'efficace à toutes les recettes qu'on pouvait y découvrir. On a cru qu'en rédigeant la grammaire d'un poëme admirable, né d'une inspiration spontanée, on parviendrait à saisir la beauté et le style, et à les enfermer dans des formules. C'est cette erreur qui a causé l'arrêt de développement du style grec. Ses destinées étaient écrites d'avance dans le génie de la race. En voyant l'esprit *logique* régner si souverainement au Parthénon, on pouvait presque pressentir l'abus inévitable qui, sous la forme de l'esprit *systématique*, allait arrêter la création spéciale et originale, et réduire l'effort des artistes postérieurs à un travail de raffinement sur un type à jamais fixé.

ÉM. BOUTMY.   9

LE TEMPLE

I

CONSIDÉRATIONS GÉNÉRALES

L'idéal humain et héroïque, centre de la conception artistique en Grèce, a modifié profondément les conditions générales des arts enseignés par l'Orient. L'éducation des sens, l'évolution de l'intellect nous ont découvert les grands *principes plastiques* qui président à la sélection des *formes.* Il nous reste à montrer toutes ces forces opérant plus à l'étroit, sur un programme spécial et dans un édifice particulier, digne de servir d'exemplaire et d'illustration à l'architecture grecque tout entière. Parmi les monuments, le temple nous est indiqué par la grandeur du sujet, par la hauteur de l'inspiration, par la beauté des restes de ce genre d'édifices que le temps nous a conservés. Conçu dans son type moral le plus élevé, sous la forme du dieu olympien, l'idéal grec s'est créé par sa propre vertu un type monumental approprié. C'est ce type dont la monographie est à la fois le résumé, la confirmation et le couronnement de cette longue étude.

Tel dieu, tel temple, tel est l'axiome qui des hau-

teurs de la psychologie générale, permet de descendre
sans interruption jusqu'à la distribution et l'aménage-
ment de l'édifice sacré. Dans une telle analyse, on est
d'abord frappé de la complexité des données et inquiet
de la diversité probable des solutions. L'idéal n'est pas
fixe ; il subit une évolution qui le présente ici sous une
certaine forme, là avec de tout autres caractères. De
plus il n'y a pas qu'une seule nature de dieux ; les
dieux venus d'Orient par une migration tardive s'opposent à ceux que l'hellénisme a eu le temps de transformer et de refaire à son image. Le type du temple
peut donc être multiple. Il est incontestable, par
exemple, que l'Érechtéion, avec son plan irrégulier,
ses deux sanctuaires, ses trois prostascis, ses vieilles
idoles de bois de Minerve, de Mercure et de Pandrose,
ses innombrables autels sous l'invocation de Neptune
Érechtée, de Butès, de Hallo, de Jupiter Herceios, de
l'Oubli, etc., son puits d'eau salée, son empreinte du
trident, son olivier, son tombeau de Cécrops, etc., ne
rappelle aucunement la conception une et puissante
sur laquelle s'est moulé le Parthénon. C'est une agré-
gation de petites chapelles, une ruche indéfinie de cel-
lules, une Église de tous les saints en quelque sorte, où
la déesse ne fait que grouper autour d'elle et consacrer davantage, par sa présence, une multitude de dévotions privées et de cultes de hasard. L'Érechtéion
fait l'effet d'un magasin de bric à brac de superstitions,
en regard du grand Musée national qui domine l'Acropole. Le temple d'Apollon à Bassœ, construit par Ictinus, s'éloigne dans un tout autre sens du type principal. Il se distingue par la longueur inusitée de sa nef,

par la profondeur de ses deux vestibules, par son pé-
ristyle intérieur de colonnes engagées, par l'absence
de toute sculpture à l'extérieur, et par sa grande frise
intérieure en haut relief. A Cyzique, on pouvait voir
un temple a trois étages superposés, quelque chose
comme l'église d'Assise en Italie. Parmi tant de variétés
locales, c'est dans le Parthénon qu'il faut chercher la
forme typique du temple grec, de même que c'est à
Paris, à Reims ou à Chartres qu'il faut étudier l'église
gothique, et non dans des lieux comme Cluny et la
Sainte-Chapelle, où la forme originelle a été également
altérée, soit par l'influence de l'esprit monastique,
soit par l'humilité et la spécialité du programme. Le
Parthénon a toujours été considéré par les Athéniens
comme leur édifice principal et central ; il a reçu le
tribut de l'admiration de tous les siècles ; on l'a cité
longtemps comme l'exemplaire par excellence du monument dorique ; lorsqu'il a été construit, les tâtonnements avaient pris fin, le déclin ne commençait pas
encore. S'il y a chance de saisir quelque part les plus
hautes conceptions dirigeantes de l'architecture religieuse en Grèce, c'est dans ce temple célèbre, situé
pour ainsi dire entre les deux pentes, à la limite du
progrès et de la décadence. Le Parthénon est l'exemplaire unique, l'épreuve sans hésitation et sans retou-
che, le type accompli de l'édifice sacré.

LA DIVINITÉ, LE CULTE, L'IDOLE

———

Le temple a une âme ; c'est sa divinité. Celle du Parthénon est l'une des plus riches conceptions du génie grec.

Pallas Athènè n'est pas une force occulte de la nature ; elle ne ressemble pas à ces divinités chtoniennes que la Grèce honore par des *mystères*, ou à ces puissances indéterminées et désordonnées que l'Orient adore avec inquiétude. Elle est la profonde sérénité du ciel ; ses yeux en réfléchissent l'azur ; sa sagesse en rappelle la pure clarté. Elle préside, comme le dit O. Muller, « à l'activité de l'esprit lucide et clair. » Déesse éthérée, elle n'a point le caractère ténébreux et inégal des forces qui remuent la matière terrestre ; tout est lumière en elle, et cette lumière ne s'obscurcit jamais ; ainsi elle réveille l'idée d'une beauté pure et sans mélange, d'une énergie supérieure et saine, d'une influence bienfaisante et régulière. Même dans son personnage métaphysique, elle n'a rien de mystérieux et d'effrayant; l'homme l'adore le front levé, avec un esprit sans nuages et un cœur apaisé.

Pallas Athènè n'est pas seulement la personnification d'une puissance naturelle ou d'une faculté de l'âme. Elle a un caractère moral et humain, elle remplit un rôle social. Protectrice du travail, elle préside à l'art du tisserand et de la fileuse ; le potier l'adore en même temps que Prométhée ; le charpentier l'invoque en construisant son navire ; l'agriculteur lui doit l'olivier ; c'est elle qui a dompté le cheval et enseigné l'équitation. Partout elle se mêle familièrement aux efforts suivis et réguliers des hommes ; elle consacre leur tâche quotidienne.

Pallas Athènè n'est pas une divinité cosmopolite, comme le dieu moderne ; elle appartient à un lieu ; elle a une patrie, ou du moins elle aime une certaine ville avec choix et prédilection. C'est en elle que se réfléchissent les heureuses aptitudes et les glorieux souvenirs du peuple préféré. Minerve *Poliade*, elle, représente la providence qui veille sur Athènes. De même qu'elle préside à titre de Minerve *Erganè* à la construction des vaisseaux, force et gloire de la cité, elle est la donatrice de l'olivier, première richesse de la terre d'Attique. C'est elle qui a nourri Érechtée, l'ancien roi d'Athènes, et protégé Thésée dans ses entreprises hasardeuses. Armée de la lance, elle devient la Minerve *Promachos* qui combat à l'avant-garde pour la défense de sa ville ; portant une victoire à la main, elle symbolise, sous le nom de *nikè*, les exploits de son peuple ; sous le nom d'*agoraia*, elle anime les discours de la place publique et dirige par de sages con-

9.

seils cette démocratie agitée. C'est avec raison que la cité s'appelle Athènes, *les Minerves*. Aux yeux des Athéniens, la déesse est la patrie elle-même dans tous ses rôles et dans ses différents personnages; toutes les faces de la vie sociale et politique se trouvent représentées tour à tour par cette même figure, avec un simple changement d'attributs. C'est au point que l'essence métaphysique s'efface presque sous le relief du caractère local. Minerve ne paraît guère à titre de divinité universelle; elle est par excellence le Génie national d'Athènes.

Quel culte appelle une telle conception de l'être divin? Évidemment ce culte ne sera que par exception individuel et privé; il doit être essentiellement corporatif et national. Il n'a tout son sens que lorsqu'il est rendu par le groupe auquel répond chaque attribut divin, et surtout par la race tout entière, par la nation en corps. Aujourd'hui, l'homme s'isole, même au milieu de la foule, pour prier son dieu cosmique. A Athènes le peuple s'assemblait de corps et d'âme pour invoquer le dieu local, protecteur de la corporation, éponyme et bienfaiteur de la cité. Quatre-vingts jours de fête par an n'étaient pas trop pour satisfaire cette prédilection décidée pour le culte collectif.

La religion grecque était associée à presque tous les actes de la vie. Un homme d'esprit a remarqué que les anciens étaient d'une dévotion bien plus étroite et bien plus minutieuse que les modernes. La remarque est juste: un Grec ne faisait aucune démarche importante, sans la consacrer par un hommage rendu à la divinité.

On mettait en perce les tonneaux de vin nouveau? Sacrifices et fêtes. On inscrivait un enfant sur les registres de la phratrie? Sacrifices et fêtes. On rouvrait la mer aux vaisseaux? Sacrifices et fêtes. Il semble que cette omniprésence du sentiment religieux dût rendre la vie hellénique extraordinairement grave et presque triste. Mais c'est que nous jugeons de ce sentiment par ce qu'il est devenu pour nous, en s'épurant, en abandonnant la direction de la vie pratique, et en se retirant dans les parties éthérées de l'esprit et du cœur, à la hauteur où ne peut vivre qu'un subtil et froid idéal. En Grèce, précisément parce que la religion était mêlée à tout, tout était mêlé à la religion; il n'y avait rien de profane, mais le sacré lui-même était à demi profane. Une religion qui prétend intervenir dans toutes les actions des hommes, ne durerait point, si elle ne se faisait tolérante et familière; c'est à la condition de se prêter à des intermittences qu'elle peut garder et imposer, à ses heures, une certaine gravité. Si elle est partout, soyez sûr qu'elle y est indulgente et souriante. Elle n'étouffe pas les joyeux et voltigeants arpèges des désirs de l'homme allant librement à leur objet; elle les soutient seulement par la belle consonnance d'une tonique plus ferme. Strabon a nettement exprimé le sentiment royal que le Grec avait de son droit à jouir de la vie sous le regard des dieux. « On répète, dit-il, que les hommes ressemblent le plus aux dieux, lorsqu'ils font le plus de bien; mais on peut dire avec plus de raison que cela a lieu, lorsqu'ils éprouvent le bien-être au plus haut degré possible. »

Le culte des Grecs comportait donc une gaieté franche, une liberté d'allures et une familiarité que nous
n'avons plus. Ce peuple ne prenait point devant son
Olympe une attitude contrite et méditative, comme les
modernes devant leur Dieu abstrait et lointain. Seules,
les Euménides exigeaient un culte silencieux. C'est
par des démonstrations joyeuses que l'Athénien croyait
dignement rendre hommage à la divinité presque humaine qui avait présidé aux commencements de la
cité. Minerve n'apparaissait pas sur les hauteurs métaphysiques ; elle n'avait pas les exigences pédantes
que nous prêtons à la divinité conçue comme l'être
parfait. Mêlée à toutes les traditions nationales, sa légende touchait de près à celle des grands hommes d'A-
thènes ; elle avait le prestige ami et familier d'un ancêtre. Aussi voit-on dans tous les actes religieux « l'a-
bandon » (*anesis*) plein d'allégresse dont parle Strabon.
Aux panathénées, on mettait en liberté les prisonniers ;
aux anthesteries, on faisait boire du vin aux esclaves ;
il fallait que non-seulement ceux qui sacrifiaient, mais
tous les autres se sentissent heureux. Le sacrifice était
essentiellement un repas, et on y adorait Bacchus
avec tant de zèle, que le même mot signifie « boire
après le sacrifice » et « s'enivrer », suivant certains
étymologistes. En Orient, le sacrificateur avait les che-
veux couverts de cendres, les ongles longs, la barbe in-
culte. Chez les Grecs, il était couronné de fleurs, des
parfums brûlaient autour de lui. Ainsi des images
riantes environnaient de toutes parts le peuple des fidèles. Dans les fêtes, la cérémonie consistait surtout en
une procession riante et ornée. Le climat s'y prêtait ;

le beau ciel, l'air tiède, y invitaient les hommes (1).
Les dieux grecs, nous dit Apulée, aiment qu'on les
honore par des chœurs de danse : c'est en effet par des
danses que Thésée, revenant de Crête, rend grâces à
l'Apollon Délien. Assurément, un des spectacles qui
troublent le plus nos habitudes d'esprit, c'est celui des
jeux qu'Achille célèbre sur la tombe de Patrocle, avec
un entrain et une animation extrêmes ! Pas plus que
le prestige de la mort, le respect de la divinité n'ex-
cluait ce déploiement de mouvement et de gaieté. Aux
grandes panathénées, outre le long défilé accompa-
gnant le voile qu'on allait suspendre tous les quatre
ans dans le temple de Minerve, il y avait des luttes
gymniques, des courses à cheval avec des torches qu'on
se passait de main en main, des concours de musique,
des récitations des poëmes d'Homère, des combats de
coqs... (2) La frise cellaire du Parthénon, qui représente cette fête, a un caractère frappant. A côté de la
procession des personnages graves, on voit des joueurs
de flûte, des cavalcades animées de jeunes gens. Le cérémonial n'interdit pas les conversations ; on voit
deux personnages qui se suivent se passer un flam-
beau, ou se tourner l'un vers l'autre en causant. De
même que l'admirable jeunesse de sensation qu'on
goûte dans la poésie homérique ne craint pas les détails vulgaires et les pare de sa suave fraîcheur, de
même, il semble qu'un flot de gaieté juvénile entraîne
et mêle à la cérémonie religieuse toutes les scènes fa-

(1) L'aréopage lui-même siégeait en plein air.
(2) Dans je ne sais plus quelle ville du Péloponèse, il y avait
même des régates.

milières qui la précèdent : c'est un jeune Athénien
passant sa tunique, ou nouant son brodequin ; c'est
un cheval chassant par un mouvement de tête les
mouches qui lui piquent la jambe. La franche simplicité de ces épisodes, sculptés sur les murs d'un temple,
montre à quel point les Grecs étaient exempts de toute
pruderie ombrageuse et de tout scrupule superstitieux ;
leur libre allégresse ne se laissait imposer aucune pres-
cription gênante ; elle ne se roidissait pas dans la dignité froide d'un rituel ; elle n'admettait d'autre sorte
de gravité que celle qui émane d'un sentiment naturel
de décence et d'harmonie.

Le culte n'était pas moins exempt de ces actes con-
traires à la nature qui défiguraient la religion de l'O-
rient. Les mœurs des Grecs indiquent dès le principe
cette saine interprétation de la vie. Ils n'ont jamais eu
de castrats ; ceux des Phéniciens qui les fréquentaient
avaient fini par renoncer à la circoncision. La même
tendance les rendait hostiles à ces mutilations symboliques qui étaient si fréquentes dans les cérémonies
de l'Asie Mineure ; Solon et Charondas avaient également interdit aux femmes de se déchirer le visage dans les
funérailles. Les purifications après le meurtre sont dues
à une infusion orientale très-tardive : Homère les
ignore. Ainsi, tout ce qui aurait pu donner au culte
hellénique un sens profond et mystérieux, principe
d'austérité et d'inquiétude, était absent ou emprunté,
c'est-à-dire à la fois accidentel et superficiel. Avec les
mutilations, disparaissent ces fiévreuses alternatives de
joie et de douleur qui caractérisent les cérémonies
orientales : par exemple ces gémissements dont se ré-

jouissaient, suivant Apulée, les dieux de l'Égypte, ou
ce bruit effrayant de cymbales, de tambours et d'instruments à vent, par lequel on croyait honorer les
dieux en Asie Mineure. La danse, ou d'une manière
plus générale, l'orchestique, qui semble au dire d'A-
pulée résumer à elle seule le culte grec, garde dans
tous ses gestes et dans toutes ses allures un caractère
sculptural. « Elle doit, dit Platon, rechercher les attitudes nobles et les mouvements tranquilles qui main-
tiennent entre les parties du corps des rapports harmonieux, et fuir l'agitation désordonnée ainsi que l'imitation des êtres contrefaits et ridicules. » Ainsi la gaieté
n'avait rien d'excessif ; elle gardait spontanément cette
mesure exquise que les Grecs aimaient par un don de
nature. La liberté qui régnait dans les cérémonies
était sans frein, mais non sans limite, et cette limite
était celle que trouvait de lui-même l'instinct délicat
d'une race choisie. Tempérée et contenue par ce tact
naturel, la fête religieuse consistait pour les Grecs à se
réjouir autour de l'idole sacrée. La procession, les offrandes n'étaient qu'une occasion pour le peuple de se
glorifier dans ses souvenirs, de s'admirer dans la
beauté de ses éphèbes et de ses vieillards, de promener au soleil des corps robustes, agiles, exercés, capables de bien défendre la patrie. Accoutumés à la divinité chagrine et jalouse qu'a érigée devant nous l'Idéa-
lisme moderne, nous avons peine à comprendre cette
joie si entière et si pure, si exempte de remords,
d'inquiétude et de solennité pédante, qui fleurissait
ainsi autour de l'image souriante et divinisée d'A-
thènes.

La divinité ne reste pas à l'état d'idée pure, elle revêt une forme sensible ; elle engendre l'idole, et c'est l'idole à son tour qui engendre le *temple*. A l'origine, une pièce de bois à peine équarrie, et qui souvent passe pour être tombée du ciel, représente la déesse. Tel était le Palladium de Troie, telle la Minerve de Linde, figurée par une poutre non travaillée. La Pallas Attica avait, suivant Tertullien, l'aspect d'un « *pieu informe.* » Parfois un sceptre, un poteau triangulaire étaient offerts à l'adoration. L'idole passe rapidement à une figure moins élémentaire ; elle devient un *xoanon*, c'est-à-dire une statuette encore grossière dont les jambes ne sont pas séparées, dont les bras sont collés au corps, et les yeux indiqués par un simple trait. Sous ces formes successives, l'image ou plutôt le symbole de la divinité n'est pas une œuvre d'art : ce caractère est même si parfaitement absent qu'un Mercure du temps de Cécrops était enseveli sous des branches de myrte qui le cachaient aux yeux. L'idole est une simple *relique*, un talisman. Les croyants ne désirent point la contempler ; il leur suffit de savoir que cet objet magique est en leur possession, qu'il exerce son influence mystérieuse, et que sa présence garantit la ville contre les attaques de l'ennemi.

A mesure que se dégage, dans l'esprit des Grecs, la divinité héroïque que sa légende ramène sur la terre et rapproche de l'homme, l'idole affecte une forme humaine de plus en plus correcte : c'est le moment des grandes statues d'or et d'ivoire. Ici l'apparence sensible n'est plus indifférente, elle est le trait essentiel. L'artiste qui a fait la statue, pas plus que le public qui a été témoin de son travail, ne peuvent y voir un talisman ; il ne leur vient plus guère à l'esprit d'attribuer à une telle œuvre une vertu substantielle. La vertu de la Minerve Chryséléphantine, c'est sa beauté supérieure. La perfection de sa forme, voilà le signe de son authenticité.

Toutefois, deux caractères spéciaux et frappants persistent dans cette nouvelle conception plastique. Quand l'artiste commence à embellir l'acrolithe céleste, il n'ose point d'abord en changer la figure ; pour l'orner, il est réduit à l'agrandir et à l'enrichir. D'une part, il en fait un colosse; il essaye de le rendre imposant par la dimension. D'autre part, il lui donne une garde-robe complète, une tunique, un manteau, des voiles, des couronnes, des chaînes de cou, des boucles d'oreilles. Le simulacre est frisé, frotté, ciré. Ainsi, tandis que la statuaire humaine ou héroïque se développe librement, avec l'athlète nu pour modèle, dans le sens d'une imitation chaque jour plus exacte du corps humain, la statuaire divine dévie légèrement sous la pression d'un autre courant, qui la mène à la recherche de la grandeur et de la magnificence, de l'éclat et de la richesse. Ce caractère est parfaitement saisissable au temps même de Phidias. Un des faits les plus curieux de cette époque, c'est la rareté déjà signalée des simulacres divins de marbre. Il y en a en bois, en ivoire et en or, en bronze coloré, mais on n'en rencontre point qui soient en pierre. Ainsi, en devenant statue, l'idole reste un ouvrage d'orfèvrerie ; elle n'est pas précieuse seulement par sa matière ; si colossale qu'elle soit, c'est un joyau, c'est une pièce importante du trésor national. On verra que ce caractère n'a pas été sans influence sur la destination et les formes du temple.

III

L'ÉDIFICE

D'après ces simples données, il est aisé d'induire à priori les dispositions essentielles de l'édifice sacré. Premièrement, le temple n'est pas un lieu d'assemblée; c'est une enveloppe pour le simulacre divin. Le caractère démonstratif du culte se refuse à ce que les adorateurs se réunissent dans une salle limitée et fermée; les grandes dimensions de l'idole ne s'y prêtent point. Quelle enceinte immense n'aurait-il pas fallu pour la mettre en perspective aux yeux de gens circulant à l'intérieur! Rien ne donne une idée plus fausse du temple grec que l'église moderne, avec ses vastes espaces enclos et couverts, et son crucifix de grandeur moyenne au-dessus duquel l'ogive du vaisseau se brise à une prodigieuse hauteur. L'édifice sacré en Grèce n'est essentiellement qu'une boîte, un reliquaire pour la relique céleste (1) ; ses dimensions sont celles qui

(1) Il y a des inscriptions où il est appelé l'*Édifice dans lequel se trouve tel ou tel simulacre* ; ainsi l'*Érechtéion* est désigné par l'expression : le temple dans lequel est la vieille statue.

s'accommodent à ces fonctions définies ; elles ont
juste, ou dépassent de très-peu les dimensions d'un
étui pour l'idole. Dans les plus anciens temples, dans
beaucoup d'autres plus récents, la partie close, la *cella*,
est d'une petitesse extraordinaire. Celle du mont Ocha,
celle de la Victoire Aptère à Athènes, celle du petit temple de Rhamnus ont ce caractère. Un édifice aussi
célèbre que l'Érechtéion mesure à peu près 10 mètres
sur 19. Encore ces 19 mètres sont-ils, à l'intérieur, divisés par des murs en trois appartements. Au Parthénon, le naos intérieur a environ 30 mètres sur 19 ;
mais, comme on le verra tout à l'heure, cet espace ne
sert à rien moins qu'à contenir le peuple assemblé. Ce
qui est plus significatif encore que la petitesse de l'espace enclos et couvert, c'est la hauteur relative du
temple et de l'idole. Non-seulement, ce n'est pas la
proportion de l'église avec l'image du dieu ; mais c'est
très-exactement la proportion de la niche avec la statue.
La statue, en effet, a 45 pieds de haut, sans sa lance,
et le toit du naos n'en a guère que 55. Un rapport
analogue était observé à Olympie : Phidias avait fait
son Jupiter si grand que « s'il se levait, dit Strabon, il
enfoncerait le toit. » Strabon, formé par les habitudes
romaines, ajoutait (et nous serions tentés de répéter ce
jugement à l'adresse plus spéciale de l'architecte), que
l'artiste avait manqué du sentiment de la vraie mesure.
Au contraire, si la vraie mesure d'un édifice est celle
qui sert le mieux sa destination, les proportions pré-
férées par les constructeurs athéniens sont les seules
justes. Les critiques de Strabon, et celles que bien des
modernes ne taisent que par superstition classique,

sont fondées sur une méprise ; elles viennent de ce
que nous voulons absolument voir dans le temple grec
une église, c'est-à-dire un lieu d'assemblée, et non
une simple enveloppe destinée à l'idole ; elles prouvent une fois de plus combien il est difficile de se dé-
tacher de ses impressions quotidiennes et d'adopter
franchement les idées dirigeantes d'une autre époque.

Plusieurs des arrangements extérieurs confirment
cette interprétation. Par exemple, on trouve, à Pœstum,
un autel placé à quelque distance en avant du temple ;
une peinture de Pompéï reproduit cette disposition.
On y voit de plus le peuple rangé des deux côtés de
l'autel, de sorte que le sacrifice paraît se faire en
dehors de la cella. Un trait non moins caractéristique
est que, dans les temples de la grande époque, et notamment dans le Parthénon, l'entre-colonnement du
milieu, qui correspond à la porte, n'est pas plus large
que les autres. L'idée que cet intervalle faisait fonction
de passage paraît donc être restée bien vague et bien
secondaire ; et pour qu'une telle négligence s'explique,
il faut supposer que ce passage ne servait qu'excep-
tionnellement. La distance entre la colonnade et le
mur de la cella est de même trop restreinte pour se
prêter commodément au défilé d'une procession, et il
y a lieu de croire que cette procession se faisait tout à
fait à l'extérieur. Enfin, la dimension même des degrés
du soubassement, qui ont 0^{m}52 de hauteur (1), semble
peu favorable à un accès et à une circulation faciles. A

(1) D'après Penrose, le plus élevé des trois aurait même 0^m,55.
Ceux du Jupiter Olympien, à Agrigente, mesurent environ 3/4 de
mètre.

la vérité, ces degrés se doublent dans le même espace en regard de la porte, et, par là, se proportionnent au pas d'un homme ordinaire. Mais la pauvre figure que fait cet étroit escalier montre combien l'artiste a été peu soucieux de ménager à la foule un abord aisé. A sa dimension seule, on juge qu'il est fait pour le desservant et pour le bedeau, nullement pour le peuple, qui, sans doute, restait à l'extérieur. Ce n'est pas le vaste perron d'une église, ce sont les degrés d'une porte de *sacristie*.

Sans doute, le temple n'en est point resté à cette destination si restreinte ; les Romains l'ont approprié à d'autres services ; ils ont augmenté l'écart de l'entre-colonnement du milieu ; ils ont étendu les petites marches à toute la façade ; ils ont fait de l'intérieur un endroit spacieux et digne d'une assemblée, en reculant jusqu'à la colonnade le mur de la cella. La plupart de leurs édifices affectent cette forme, qui a reçu le nom de *pseudo-périptère*. En Sicile, dès le vi⁰ *siècle*, plus tard, en Asie Mineure, on semble avoir une prédilection pour la forme *pseudo-diptère*, qui offre au public un promenoir large et abrité entre sa colonnade et le mur cellaire. Des degrés bas occupent tout le pourtour de plusieurs temples siciliens. Le mot *pseudo* indique d'ailleurs que dans les deux cas, on s'est écarté du type primitif. Au fond, le temple grec n'a jamais été destiné à la foule. Les chrétiens en avaient le sentiment lorsqu'ayant besoin d'un lieu clos et couvert pour leur culte, ils ont demandé leur modèle non au temple, mais à la basilique. La faiblesse du sens critique, jointe à une passion fervente pour les œuvres des anciens, a

seule pu produire la bizarre confusion d'idées d'où est
sortie la Madeleine. Il a fallu ce curieux mélange d'in-
intelligence et de prétention historique qui a carac-
térisé la période révolutionnaire, pour faire reparaître
avec les fonctions de lieu d'assemblée, l'édifice que
les Grecs avaient élevé pour un usage différent, très-
précis et très-limité.

Le temple grec n'est pas seulement un *étui* pour
l'idole, c'est un *trésor*, un *musée*. Sous sa première
forme, en effet, le simulacre n'est pas une statue, c'est
un *agalma*, un meuble de prix, un talisman doué d'une
vertu magique. Rien de plus naturel que de serrer avec
lui, dans le même écrin de pierre, les autres pièces du
trésor national. Aussi voit-on, non sans quelque scandale pour les préjugés religieux de notre temps, la
cella se diviser en deux, et la partie postérieure, l'*opisthodome*, devenir la caisse des deniers publics. Le
naos lui-même, c'est-à-dire le sanctuaire, est, à un
certain degré, une des chambres du trésor : c'est la
chambre des métaux travaillés, comme l'opisthodome
est celle des métaux monnayés. Les ornements d'or
de l'idole peuvent être détachés, et Périclès les compte,
du ton le plus simple, parmi les ressources dispo-
nibles de la république. La grande Minerve de Phidias
est, le cas échéant, un arbre à lingots. En outre, dans
ce même naos, on voit s'accumuler les objets précieux, absolument comme dans une sacristie s'ac-
cumulent le mobilier religieux et les ornements
sacrés, lampes, chandeliers, calices, cassolettes... Si
l'on en croit le compte des Hellénotames, il y avait
dans le Parthénon des vases d'or et d'argent, des fioles,

une couronne d'or, des boucliers, des casques, des cimeterres dorés, un masque d'argent doré, des gryphons, des serpents d'or, des têtes de lion, une jeune fille sur une colonne, neuf pliants, une table d'ivoire, des lyres de toute espèce, huit lits de Chio, dix lits de Milet, des carquois en ivoire, etc.... De même, dans l'Érechtéion, des tableaux tapissaient le pronaos ; la cella contenait un pliant, œuvre de Dédale, une cuirasse de Masistius, chef de la cavalerie à Platée, le cimeterre de Mardonius.... Le temple de Delphes était littéralement encombré d'offrandes et de reliques. Tant il est vrai que ces édifices n'étaient point faits pour recevoir le peuple des fidèles. On ne croyait point manquer de respect à la Déesse citoyenne en mettant près d'elle les objets de luxe, les œuvres d'art votives qui rappelaient la gloire et prouvaient le prestige d'Athènes. Le temple n'est donc pas une enveloppe pour la seule idole ; c'est un musée *d'agalmata* et *d'anathemata*, c'est un trésor. Pour tout dire d'un mot frappant par sa familiarité même, c'est un *garde-meuble !*

Le temple a enfin un troisième et dernier caractère, c'est un *ostensoir*. J'emploie à dessein ce mot, parce que ce n'est pas aux fidèles placés à l'intérieur, mais à la foule qui circule à l'extérieur, qu'il s'agit de montrer l'idole. Il est comme l'armature où est enchâssé et serti ce colossal joyau d'ivoire et d'or. Je ne puis mieux traduire dans la langue des habitudes modernes ce rôle spécial de l'édifice sacré, dans les cérémonies du culte grec, qu'en le comparant à une *exposition du Saint-Sacrement*. Ce que l'on contemple, sur l'autel

catholique, dans de très-petites dimensions, représente
ce que le Parthénon tout entier était pour l'Athénien
cheminant dans l'Acropole, ou circulant dans l'enceinte sacrée du temple. En effet, à l'intérieur, à l'extérieur, tout est disposé, premièrement, pour la *mise
au point de vue* de l'idole, secondement pour la *mise en
scène* générale. Il faut d'abord que l'on découvre la statue de la façon la plus favorable à l'effet ; il faut en
outre qu'on trouve, sur le passage de l'œil ou aux
alentours, nombre de traits habilement ménagés d'où
sortent des impressions auxiliaires ou préparatoires.

Premièrement le temple est *hypœthre*, c'est-à-dire
qu'une ouverture, pratiquée dans le comble, donne
accès au jour. A la vérité, on ne trouve dans le Parthénon aucun indice bien net de cette disposition ; mais
les détails de la construction contiennent de fortes pré-
somptions contre la disposition contraire. Les cours
des temples égyptiens, les *impluvia* des maisons romaines, l'œil du Panthéon à Rome fournissent des
analogies à l'appui du témoignage un peu obscur
porté par Vitruve. D'ailleurs en l'absence même des
preuves de fait et des preuves de texte, la forme et
l'aspect de l'idole suffiraient pour lever tous les doutes ; la beauté de la matière et le fini du travail, dans
la Minerve Chryséléphantine, semblent appeler la
lumière. Au temps de la grossière idole de bois tombée du ciel, il était superflu d'éclairer le temple. La
divinité gagnait à n'être point vue sous cette apparence ; elle gardait mieux ainsi le prestige qui s'attache
aux talismans, aux objets doués d'une vertu magique.
Aussi plusieurs des anciens temples étaient-ils entiè-

ÉM. BOUTMY. 10

rement clos; une lumière artificielle les éclairait à
l'intérieur ; et il est si vrai que le principe de l'arrangement hypœthral est la forme nouvelle et spécieuse re-
vêtue par l'idole, que la cella de Minerve Poliade, qui
a été bâtie dans le même temps que le Parthénon, mais
dont la statue était une vieille poupée de bois tombée
du ciel, n'avait aucune autre ouverture que la porte, si
bien qu'elle eût été obscure, sans une lampe qui brû-
lait au-dessous d'un tuyau en forme de palmier. Un simulacre d'or et d'ivoire exigeait nécessairement, soit
une large baie portale dans les sanctuaires sans profondeur, soit une tranchée dans le comble, si le temple était grand et la statue reculée vers le mur de fond.
Le riche mobilier qui encombrait les intérieurs, les
tableaux et les peintures murales n'étaient pas davantage destinés à rester dans les ténèbres. Le champ est
ouvert aux conjectures sur le système d'éclairage hypœthral adopté par Ictinus; on peut se prononcer
soit pour une découpure à ciel ouvert dans le toit, soit
pour un *clerestory*, c'est-à-dire pour un petit comble
distinct du grand et soutenu par des claires-voies verticales. Mais il n'est pas douteux que le jour ne fût
admis dans le temple par des ouvertures supérieures.
Excepté le matin, le lac de lumière de la porte devait
s'arrêter bien en deçà de la grande Pallas; elle eût été
dans l'ombre, si l'on n'eût obvié par quelque moyen à
cet ensevelissement d'une beauté faite pour le plaisir
des yeux. La clarté devait donc tomber de haut,
comme dans un Musée. Quand la porte s'ouvrait, quand
le *peplus* ou le *parapetama*, tendu comme un rideau, se
levait ou s'abaissait, la procession des adorateurs aper-

cevait l'immense statue dans une sorte de gloire lumineuse et comme inondée par des flots de lumière hypœ-
thrale ; les reliefs prenaient un modelé puissant, les
pierreries de l'œil étincelaient dans les ombres blondes
de l'orbite ; l'or resplendissait, l'ivoire semblait s'amol-
lir ; une vie chaude et pourtant idéale animait le simulacre ; c'était le prestige mêlé du magnifique et du
fantastique.

Une double colonnade intérieure partageait la cella
en trois nefs ; la nef du milieu était de très-peu plus
large que le piédestal (1) ; ainsi elle semblait surtout
destinée à diriger le regard et à faire paraître la statue
dans une profondeur. Un tube de stéréoscope, telle
est l'analogie qui représente le mieux la fonction de
cette prétendue nef. Aussi la colonnade elle-même
était-elle disposée en vue d'un effet de perspective. Elle
était, comme nous l'avons dit, double en hauteur, ce
qui semble d'abord inexplicable, puisqu'il n'y avait aucune galerie au niveau du second étage de colonnes.
Cet arrangement, qu'on retrouve à Pœstum et à Égine,
n'avait point été imaginé pour le service intérieur du
temple, mais en vue d'une sorte d'illusion moitié spirituelle, moitié optique. Avec un sentiment fin des
contrastes de voisinage, l'artiste avait compris que la
statue paraîtrait plus grande, s'il la rapprochait et
l'affrontait en quelque sorte avec une construction
moins haute, *quoiqu'à deux étages*. Il y a en effet des
impressions qui naissent d'une réaction de l'esprit sur
les sens, et telle erreur de la vue tient souvent à quelque

(1) 0,85 de chaque côté.

idée qui s'est d'abord saisie de l'intelligence et qui
dénature à petit bruit l'effet des rapports. Ici l'idée
d'un élancement à deux reprises, heurtée à l'idée d'un
élancement en un seul jet, engendrait, au profit de la
statue, l'impression fictive d'une hauteur plus grande.
Cette majesté accrue par l'illusion optique, l'était encore,
et cette fois d'une manière simple et discrète, par l'assiette même du simulacre. Le piédestal en effet posait
sur le soubassement général du temple, dont le plan
supérieur était, même sans tenir compte des inégalités
du terrain, au niveau de la tête d'un homme ordinaire
cheminant au dehors ; le fidèle pouvait donc, fût-il
assez éloigné, découvrir la Pallas Parthénos dans toute
sa hauteur, par l'ouverture de la porte. Ainsi toutes les
dispositions étaient prises pour mettre la statue *au
point* et en perspective. C'était bien là une exposition
du Saint-Sacrement, mais conçue dans de grandes
proportions et rehaussée par tous les artifices que
peuvent suggérer un œil fin et un esprit subtil.

Voilà l'idole en lumière et en perspective. Il reste
une dernière tâche à remplir : c'est de *l'annoncer*. Avant
le livre, la préface ; il convient de préparer l'effet par
une série de sensations graduées, et de le compléter
par un ensemble d'impressions harmonieuses. Pallas
est une déesse olympienne ; c'est aussi le génie du
lieu, la déesse citoyenne, accessible et souriante ; la
gradation et l'harmonie consisteront à rechercher une
grandeur sans exagération, une magnificence sans em-
phase et une majesté sans mystère, vraiment dignes de
la divinité puissante et familière qui habite le temple.
Ce but a été atteint par un arrangement aussi simple

qu'efficace, le dégagement de la colonnade périptère.
Ici paraissent le penchant et l'aptitude du Grec à sépa-
rer nettement dans la forme tout ce qui est distinct par
le fond, et à créer un organe nouveau pour chaque nouvelle fonction. Dans les petits et probablement dans
les anciens temples, le mur du sanctuaire devait s'of-
frir directement et au premier plan aux regards des fidèles. Une mince cloison était le seul obstacle interposé
entre la divinité et les hommes. La dignité qui garde
son rang, le caractère intime et secret de la religion,
n'avaient point d'autre enseigne. L'artiste dédouble
cette enceinte; après l'avoir divisée, il en écarte sensiblement les deux parties, comme on sépare dans un
arbre l'écorce du noyau. De son reliquaire simple, il
fait un reliquaire à deux enveloppes. La plus intérieure
abritera, pour ne le découvrir qu'à de certaines heures,
le simulacre divin. L'autre le précédera, et l'accompa-
gnera de son magnifique et solennel cortége. Avec son
unique élément toujours répété, sa puissante assiette,
ses beaux jeux de lumière multipliés par les cannelures, sa vaste circulation d'air autour des fûts, et l'insensible évolution de ses ombres, la colonnade péri-
ptère ressemble à une lente et superbe procession
arrêtée dans son cours, ou marchant avec le soleil.
Disposée en claire-voie, elle laisse apercevoir le mur
cellaire; elle se double sur le devant et à la partie postérieure du temple, mais sans masquer la porte qui
s'ouvre en regard de la statue. Ainsi elle ne fait que
ceindre l'édifice de majesté et d'éclat, sans rien ajouter à l'idée d'une clôture ou d'un voile, et même en reportant cette idée au second plan avec la paroi pleine

10.

du sanctuaire. Il y a je ne sais quoi de magnifique et
de familier tout ensemble, de royal et pourtant d'accessible, dans cette disposition qui permet à l'air et au
regard de jouer librement entre ces admirables corps
de colonne ; ce n'est pas une garde, c'est un cortége
d'honneur. La colonnade n'écarte point la procession
des hommes ; elle leur donne le ton et l'allure. Dans cet
arrangement si favorable à la dignité et à la splendeur
de l'édifice, l'artiste a trouvé moyen de ne pas ajouter un
accent au cérémonial et à l'étiquette, à l'inquiétude
et à l'impression de mystère. Qu'on est loin des sept
enceintes à murs pleins des pagodes hindoues, et de
leurs portes décroissantes de hauteur jusqu'au sanctuaire écrasé où s'accroupit le dieu terrible ! Ici la
déesse ne se dérobe point, elle se montre ; et les
grandes colonnes, vêtues de lumière, immobilisées
dans leur marche et leur effort vivant, semblent n'être
que le premier rang de la théorie sacrée qui se déroule
familièrement autour du Génie national.

L'ensemble de ces considérations détermine nettement la nature et les analogies d'un édifice comme le
Parthénon. Le véritable temple, c'est-à-dire ce qui répond à l'église moderne, c'est le *temenos*, le *peribole*,
c'est-à-dire l'enclos sacré qui s'étend à ciel ouvert autour d'une ou de plusieurs chapelles, ou qui enveloppe
d'un bois d'arbres odorants (Pausanias) la construction
solide ; cette construction répondrait plutôt à l'autel
qui s'élève dans le chœur. Elle représentait une niche
pour l'idole, un étui, un reliquaire visible à travers sa
seconde enveloppe découpée à jour. Cela est si vrai que
plusieurs peribolos n'ont que des statues en plein air ; on

s'est dispensé de faire à ces simulacres une guérite sacrée. Au lieu de se représenter la foule se pressant dans l'intérieur encombré du Parthénon, il faut la concevoir circulant à l'extérieur, et parfois s'asseyant sur les degrés du soubassement comme sur les gradins d'un théâtre, pour contempler la procession qui cheminait au dehors. C'était le visiteur, le curieux, le dévot qui entraient dans la cella sous la conduite de l'*exégète*. Y introduire la foule, c'eût été la même chose que donner libre accès au public dans les caves de la banque de France. Un étui, un musée, un ostensoir, voilà essentiellement la conception souveraine dont toutes les grandes dispositions portent l'empreinte. C'est le trait de lumière qui les éclaire dans leur sens le plus intime. Dénaturé par les Romains, masqué par les anachronismes et les contre-sens de Vitruve, effacé jusqu'au dernier trait par l'archéologie superficielle des grands architectes de la Renaissance, le temple grec, étudié à nouveau dans ses exemplaires authentiques, nous livre, avec le secret de son plan, le principe de sa beauté et de son harmonie générales. A quel degré de servilité classique l'homme peut descendre, c'est ce que prouvent tant de louanges décernées de tout temps à un édifice dont on ignorait la véritable *essence*, et qu'on traitait comme le type accompli du lieu d'assemblée religieuse, ce qu'il n'est point et ne saurait être, tandis qu'on dédaignait avec la même outrecuidance la cathédrale gothique, qui répond si parfaitement à ce dernier programme.

Il semble que nous ayons épuisé l'analyse du temple grec, puisque ce qui en reste n'est que la couverture et le couronnement. La vérité est qu'il n'a été rien dit encore de la partie la plus remarquable de l'édifice, de celle qui, subordonnée et secondaire à l'origine, a reçu du caractère même de la conception religieuse une importance dominante et une beauté souveraine. La disposition du temple en forme de reliquaire à double enveloppe entraînait une conséquence évidente. La colonnade est en avant de la cella ; c'est sur les chapiteaux des colonnes que doivent reposer les parties hautes de la construction et les appuis du comble. Une portion considérable du monument se trouve ainsi portée en avant, exposée et proposée à l'attention du public. Dans les traditions les plus anciennes de l'architecture dorique, cette portion n'avait pas le caractère d'un simple complément ou d'une terminaison ; formant parfois jusqu'à 3/7ᵉˢ de la hauteur totale (temple de Neptune à Pœstum), elle écrasait par sa masse énorme et par le développement de ses surfaces une claire-voie de colonnes courtes et trapues. Dans sa nudité archaïque, l'entablement dorique semblait déjà, par une sorte de pressentiment, s'agrandir pour faire place à la décoration sublime qu'un art consommé allait y appliquer.

Le caractère le plus essentiel de la conception religieuse est encore ici le guide de l'inspiration. La divinité est la patrie elle-même divinisée. Le temple n'est donc pas moins un édifice politique et municipal qu'un édifice religieux. Il n'est pas seulement le trésor, le garde-meuble. Dans une certaine mesure et par certains de ses usages, il représente *l'hôtel de ville* d'une cité libre. C'est dans le temple qu'on inscrit les traités

avec les peuples étrangers ; ainsi fit-on à Olympie pour
un traité entre les Étoliens et les Romains ; l'édifice
sacré tenait lieu d'un cabinet d'archives. C'est là qu'on
loge les princes et les personnages considérables qui
sont de passage dans les villes, comme on les logerait
dans la préfecture de chaque département. Plutarque
nous apprend qu'Agésilas, pendant ses voyages, habi-
tait dans les temples, et les Athéniens donnèrent à
Démétrius l'opisthodome du Parthénon pour y vivre
avec ses courtisanes. Sur le voile de la déesse, ou sur
le rideau tendu devant l'idole, que brode-t-on ? La
gigantomachie, sans doute, et d'autres anciennes légendes en l'honneur de Minerve ; mais aussi la figure et le
nom des hommes qui ont bien mérité de la patrie.
« Dignes du *peplus* » est l'épithète qu'on applique, dès
le temps d'Aristophane, aux grands citoyens d'Athènes.
On voit à quel point l'interprétation politique du sens
de l'édifice est prépondérante. Évidemment, l'architecte qui le construit, le sculpteur qui le décore pui-
sent bien plutôt leurs inspirations dans le patriotisme
que dans un sentiment purement religieux. Ce qui
occupe leur pensée, ce qui anime leur main, c'est
l'enthousiasme national et municipal, ce sont les souvenirs de la gloire commune. Le dévot, à Athènes, ne
fait qu'un avec le citoyen fier et convaincu.

De là est sortie la forte conception qui a donné son
caractère à l'entablement du temple grec. Toujours
porté à diviser, pour l'œil, ce qui est naturellement
distinct pour l'esprit, et habile à faire la part de chaque idée, l'artiste sépare en deux son édifice. En bas,
dans la cella, il avait laissé une forme religieuse à la

pensée politique ; il avait incarné la cité dans une
image unique ou dominante qui réveillait des idées
d'adoration, de sacrifice et de prière. La frise de la
cella avait le même caractère ; elle représentait la
principale cérémonie du culte. En haut, sur l'entablement, le voile religieux glisse et tombe, la pensée
politique se dégage ; elle apparaît dans l'activité puissante, dans la liberté de la *forme héroïque*. Toute la
féodalité des gloires nationales sort de l'ombre que
répandait autour d'elle la royauté divine siégeant dans
le sanctuaire ; elle grandit près de la déesse dans la
légende du fronton ; elle remplit de ses exploits les
intervalles des triglyphes. L'idée de Minerve plane encore sur l'entablement ; mais son image n'y est plus
isolée ; les grands ancêtres ont rang auprès d'elle ;
souvent même elle disparaît et fait place à une gloire
toute humaine dans les épisodes des métopes. A partir
de l'architrave, c'est donc un autre édifice qui s'élève ;
c'est le temple *héroïque* qui surplombe et couronne le
temple *religieux*. Aussi la composition élémentaire
des deux constructions est-elle symétrique. Le temple
héroïque a son soubassement dans l'architrave, sa colonnade dans les triglyphes, ses simulacres sacrés et
ses tableaux religieux dans les retraites du tympan et
des métopes. Quelle différence avec la décoration
froide, insignifiante, subordonnée des temples postérieurs, lorsque ce n'est plus que l'excès de sève non
absorbé par la fleur religieuse et mystique, qui vient
s'épanouir sur l'entablement en agréments vides de
pensée. Ici, au contraire, l'idée politique, encore enveloppée et comme en chrysalide au niveau de la

cella, semble soulever et agiter ses ailes dans l'air des hauteurs. Le héros, tout à l'heure gêné par ses langes divines, montre tout d'un coup son corps et son visage, réels et vivants, hors de la draperie sacrée. C'est comme si, du sein de l'hymne traditionnel que l'enthousiasme concentre sur un personnage divin et unique, s'élançait, tout d'un coup, une libre et fière épopée, peuplée de toutes les gloires d'Athènes et les racontant dans une seule sensation au peuple qui entoure le temple. L'aède et le rhapsode triomphant du mystagogue, brisant le symbole, et s'érigeant en libres prêtres de la patrie délivrée de ses voiles mystiques, voilà la pensée profonde qui est écrite sur le fronton du temple grec, et qui en forme comme l'enseigne et le couronnement.

Jusqu'ici, nous avons suivi l'ordre de génération chronologique et littéral des *grands partis*, la cella, la colonnade, le comble. Parvenus à l'entablement, nous voici ramenés en arrière ; l'idée du *Musée héroïque* qui a son siége sur les hauteurs, à peine dégagée, devient dominante ; c'est elle qui est désormais l'âme vivante et plastique, elle sert de point de départ à une génération nouvelle, fortement *logique*, qui redessine et moule de plus près les organes déjà ébauchés par les influences générales. Centre moral de l'édifice, elle réagit sur les membres environnants et les met dans sa dépendance, dicte les formes et les accents qui vont revêtir ces parties subordonnées et les fait concourir à son effet propre. Créer une aspiration vers l'entablement, siége principal de l'expression, voilà le but qui se pose souverainement et qui façonne pour son service tout le dehors monumental.

Selon ce point de vue nouveau qui s'érige en règle suprême, la colonnade ne semble plus faite pour le sanctuaire religieux ; elle dépend du temple supérieur. Si l'artiste renonce à l'emploi du mur plein, s'il préfère cette claire-voie de cylindres espacés, ce n'est pas seulement pour ceindre la cella sans la cacher, c'est pour que l'œil se porte rapidement vers les hauteurs. Le mur, en effet, n'est pas seulement un organe de soutènement ; c'est une clôture, un voile ; il ne fait pas penser seulement aux choses qu'il supporte, mais à celles qu'il cache ; et le regard erre sans direction arrêtée sur sa vaste surface, avec le désir vague de la traverser, de faire brèche, pour saisir les objets masqués par cette paroi opaque. La colonnade, au contraire, n'a qu'une seule fonction vraisemblable, celle de soutenir, et par cela même elle ne réveille qu'une seule idée, celle des parties soutenues ; la spécialité de son rôle indique à l'esprit une direction que celui-ci imprime à son tour au regard, et que confirment les lignes verticales répétées des colonnes successives. Suffit-il de diriger la vue vers les hauteurs? L'artiste prétend l'y entraîner. On le voit écarter tous les obstacles, toutes les causes de retard ou d'arrêt qui se trouvent sur la route ; il essaye de créer un courant vers l'entablement, par les formes de détail imprimées à la colonne. Première audace ; il supprime la base. D'une manière générale, il est nécessaire que la colonne ait une base. Quand elle sort sans empattement du sol, comme la colonne dorique, elle n'a pas l'air d'être posée, mais d'être plantée ; son assiette n'est pas définie et assurée. S'appuie-t-elle sur un fond solide? ne s'enfoncera-t-elle pas? n'est-ce pas en s'enfonçant qu'elle a enfoui et fait disparaître le membre spécial qui

accusait l'immuable stabilité de sa fondation? Telles
sont les questions qui viennent à l'esprit et le troublent.
Le Grec, maître dans l'art de subordonner les idées, a
senti qu'un intérêt supérieur lui commandait de braver
le malaise que de tels doutes amènent à leur suite. Cet
intérêt, c'est que les transitions des formes inférieures
aux formes supérieures soient ou annulées ou atté-
nuées à l'extrême, de façon que l'attention ne s'y arrête
pas et coure sans accroc jusqu'à l'endroit où il importe
de la faire arriver. Si la colonne avait une base, le regard serait attiré par son profil ; l'esprit s'attarderait à
jouir de la fermeté de l'assiette. De plus, terminé aux
deux bouts, ici par sa base et là par son chapiteau, le
fût serait quelque chose de complet en soi, un véritable *édicule* sur lequel l'œil irait et viendrait d'une
extrémité à l'autre, avant de pousser plus loin. Tout au
contraire, le spectateur passe immédiatement du soubassement au fût, sans plus de difficulté que s'il passait du sol au tronc d'un arbre ; rien ne l'arrête ; rien
non plus ne le ramène en arrière ; car, ainsi privée
de sa base, la colonne fait l'effet, non d'une préface
qu'on peut être tenté de relire, mais d'une brusque et
presque impétueuse entrée en matière, faite pour vous
entraîner au cœur du sujet et vous y laisser. Un accent
positif s'ajoute à cet accent négatif pour en augmenter
l'effet. Les cannelures tracées sur le fût sont comme
des canaux multiples dans lesquels glisse le regard.
Sur un fût uni, l'œil hésiterait peut-être, il serpenterait
avec les veinures du marbre ; il s'arrêterait aux joints
des tambours. Les cannelures, par une accusation
ferme et multiple de la direction verticale, limitent

ces écarts, saisissent et canalisent en quelque sorte le courant de l'attention, et précipitent enfin la vue, comme sur des rails inflexibles, vers l'entablement.

On a vu qu'un art non moins parfait éclate dans la composition du chapiteau. Ici le Grec ne s'est pas décidé à supprimer la transition ; il l'a seulement ménagée de façon que nulle part l'œil ne trouve une relâche et un lieu d'attente ; la vitesse acquise qui le porte vers les parties hautes ne cesse pas un instant de le pousser en avant, quoique avec moins d'impétuosité ; le mouvement se calme un peu sans s'interrompre. Dans le changement de direction qui amène de la colonne à l'architrave, le chapiteau ne marque pas un temps d'arrêt ; c'est, pour ainsi dire, la courbe ou la montée insensible d'une route ; le voyageur y marche moins vite sans cesser de tendre vers le terme qui l'attire. De même l'attention, d'abord énergiquement entraînée le long du fût, s'avance un peu ralentie à travers les formes graduées qui le couronnent, et dont il n'est pas une qui ne semble dire : le but est plus loin.

Le spectateur est ainsi parvenu, comme d'un seul jet, jusqu'au seuil du temple supérieur. Là, il rencontre dans l'architrave un premier lieu de repos et de recueillement que l'artiste ménage à l'attention, juste avant qu'elle s'engage dans les parties riches du sens. L'architrave n'est pas une transition, c'est une station ; l'œil s'y arrête un instant, et nage à l'aise dans ce large blanc prolongé, sans qu'aucun ornement l'excite et le fatigue. Il y a là un instant de relâche et de rafraîchissement, une permission de reprendre haleine: c'est le vide qui précède immédiatement le paragraphe continu et massif, lorsqu'on va à la ligne au début d'un nouvel ordre d'idées. De ce vestibule paisible où le regard s'est reposé quelques secondes, il passe dispos et avide au grand musée héroïque qui s'ouvre immédiatement après.

C'est là que l'artiste a disposé son admirable diadème de légendes sculptées. Dans les intervalles des triglyphes il a trouvé la place des épisodes guerriers ; dans le fronton celle des grandes origines nationales. Le fin discernement du Grec se montre dans le choix du genre de sculpture. Tandis qu'il a employé le très-bas-relief pour la frise du mur de la cella, il emploie la ronde bosse et presque la statuaire détachée pour la frise du temple supérieur et extérieur. On a cherché des raisons d'optique à cette différence. Un éminent critique (1), dans une page ingénieuse, a montré que le haut relief appelle la lumière et le bas-relief l'ombre ; la place de la frise cellaire sous le portique, celle de la frise haute au dehors du temple et en pleine lumière, expliquent à ses yeux le choix fait par Phidias d'une sculpture plate ou saillante. Tout en reconnaissant la justesse du principe, on ne peut s'empêcher de penser qu'il y a nombre de cas où les Grecs n'en ont pas tenu compte : c'est ainsi qu'au temple de Thésée la frise *cellaire* est en haut relief, tandis qu'au monument de Lysicrate la frise extérieure est d'un relief modéré. A Phigalie, la frise court à l'intérieur du temple, et n'est éclairée que de haut par la lumière hypœ-

(1) M. Charles Blanc.

thrale ; néanmoins elle est en très-haut relief. Voilà bien des contradictions. D'autre part, si l'on se rappelle que cette dernière frise et celle du temple de Thésée représentent des combats, on verra poindre la raison essentielle qui a dirigé l'artiste. Cette raison se rattache au caractère général des deux parties qui composent le Parthénon et aussi à la nature des sujets.

Au dehors et au faîte, l'idée religieuse ne paraît pas sous sa forme abstraite ; elle a pris corps ; elle a fait son entrée dans le monde et dans l'histoire. En figurant les origines de la cité, les glorieuses luttes des ancêtres sous la protection des dieux, elle s'avance presque sur le même plan que les batailles de Salamine et de Mycale ; elle s'engage dans la réalité. Ces innombrables épisodes guerriers que la sculpture emprunte au débit passionné du rhapsode homérique, comment les imaginer tracés à la pointe sur un fond lisse ? Il y faut la saillie, l'épaisseur, les riches mouvements de la vie. Cette légende triomphante ne peut s'aplatir, s'effacer comme une ombre qui rentre dans le marbre. Elle en ressort, elle s'en détache fièrement. Ce n'est pas à de tels sujets, regorgeant de vie et d'action, que peut convenir la pâleur, la minceur spectrale du bas-relief. C'est sur le fond rouge des métopes et du fronton, comme dans un air enflammé ; c'est avec une saillie puissante et poignante, sous un coloris relevé par d'étincelants placages métalliques que s'offriront aux yeux la rivalité de Neptune et de Minerve, les combats des Lapithes et des Centaures, des Athéniens et des Amazones.

Dans la frise de la cella, l'artiste avait affaire à un

édifice d'un sens plus intime ; il traitait un sujet d'une
allure plus calme, la cérémonie des Panathénées.
Voilà pourquoi il a employé le bas-relief. La procession
ressort à peine sur un fond bleu tendre, et c'est par une
entaille à angle droit que se détachent les contours.
Ici, en effet, une simple silhouette convient et suffit ;
elle ne rend pas les ardeurs de la vie ; mais ces ardeurs
sont absentes dans un tel sujet ; elles troubleraient la
calme majesté du sanctuaire ; la silhouette rend l'élégance des contours, la grâce des profils, la suite continue, la belle ordonnance, tout ce qui fait le caractère
et le charme discret de la procession religieuse. Il
était impossible d'approprier les formes au fond avec
un art plus sensé et plus délicat.

Les sculptures de la frise extérieure sont la partie essentielle du haut temple : tout doit concourir à les
mettre en valeur ; aussi est-ce le désir de rendre leur
effet plus frappant qui a déterminé la décoration des
parties qui les entourent. Les triglyphes qui leur ser-
vent de cadre offraient à l'œil des surfaces unies. Les
veines de la pierre, les maculatures du temps auraient
bien vite figuré une sorte de vague dessin qui aurait
détourné ou partagé l'attention appelée vers la métope.
L'artiste a prévenu ce danger en traçant sur les triglyphes des rainures profondes, dont la rigidité géométrique et la direction verticale forment un contraste
frappant avec les contours ondoyants et obliques des
reliefs avoisinants. De plus, il a abattu les angles du
triglyphe, de manière à découvrir le fond de la métope, même pour les spectateurs placés obliquement.
Ainsi le triglyphe devient proprement le montant d'un

cadre; il sépare avec netteté, il découvre, par son ouverture taillée en biseau, et relève, par son accentua-
tion toute contraire, les légendes sculpturales sur lesquelles il convient de fixer l'attention.

On voit combien nous sommes loin de la théorie par
laquelle se justifie généralement l'admiration que les
historiens et les critiques professent pour le temple
grec. On dit volontiers que l'architecte a reproduit en
pierre toutes les dispositions de la construction en char-
pente, et on lui sait gré de cette imitation fidèle. Que
d'objections à cette façon d'interpréter de si grandes
œuvres! D'abord, quoique le type *lignique* soit évidemment le type originel, il y a un grand nombre de cas où
l'artiste s'en est affranchi. La forme ronde de la colonne,
la forme évasée du chapiteau, n'ont rien de commun
avec le pilier et la sous-poutre de décharge de la construction en bois. Les triglyphes, s'ils représentaient le
bout des poutres, auraient un équarrissage beaucoup
trop fort pour leur portée, qui s'étend seulement de la
colonnade au mur cellaire. De plus, il se trouve que le
plafond qu'ils devraient constituer par hypothèse n'est
pas à leur niveau, au moins dans le Parthénon; il est
situé à la hauteur de la corniche. Les mutules, qui devraient figurer les bouts des *forces*, se trouvent non-seulement sur les côtés du temple, mais aussi sous les rampants du fronton, où il n'y a point de *forces*. La fidélité
des Grecs au type traditionnel est donc problématique;
mais ce qui l'est plus encore, c'est qu'on doive les en
louer. Une telle imitation n'a en vérité d'autre effet
qu'une transposition arbitraire et puérile des formes,
aux dépens des conditions propres aux différents maté-

riaux, et au détriment probable de l'expression idéale. A nos yeux, le type lignique n'a été pour les Grecs qu'une gêne, le reste pesant et traînant d'une tradition, et leur mérite a été de s'en dégager dans une large mesure. Chose étrange, dans cet entablement où l'on se plaît à voir la reproduction servile d'un COMBLE, je crois apercevoir une préoccupation toute contraire : celle d'atténuer l'idée de comble, de couverture ou de toiture, qui ferait du temple supérieur une partie trop subordonnée. L'artifice de l'artiste est subtil. Il donne à l'entablement la même composition élémentaire qu'à la colonnade qui le supporte ; ainsi l'œil repasse par les impressions qu'il a déjà traversées ; ce ne sont pas des formes terminales qu'il rencontre, c'est un autre édifice qui commence et s'achève. L'architrave, par exemple, représente le soubassement, et comme il convient à un soubassement, elle n'a pas d'ornements dans le sens vertical ; dans l'ordre dorique, elle étend nettement sa longue plinthe et accuse fortement l'assiette de l'édifice. En suivant le courant horizontal qu'elle lui imprime, le regard rapporte à l'esprit l'idée vague d'une plate-forme bien préparée, bien nivelée, sur laquelle va se poser et s'élever une construction nouvelle. Les colonnes de cet édifice sont les triglyphes, et en effet leur équarrissage, très-supérieur à ce que réclame la portée des poutres originelles, les rend moins semblables à des bouts de solives qu'à de petits piliers. Comme les colonnes du bas, celles-ci ont leurs cannelures verticales : les deux demi-rainures qui les écornent latéralement rappellent vaguement les cannelures qu'on voit s'amincir graduellement dans le tournant de la colonne inférieure. Quant à la corniche, Vitruve, si porté aux contre-sens lorsqu'il apprécie l'architecture grecque, laisse pourtant échapper un mot caractéristique ; il l'appelle le *chapiteau du triglyphe*. Et en effet, le larmier est comme un énorme tailloir. Sans doute, dans tout ce travail, l'artiste entend ne produire qu'une impression vague, atténuée, inconsciente ; il ne cherche donc pas à copier servilement ; les profils sont différents, les dimensions sont très-inégales et leur rapport de l'une à l'autre n'est pas le même ; le triglyphe a des rainures en biseau au lieu de cannelures circulaires ; les courbes composées de la corniche, la grosseur du larmier, s'opposent au profil simple de l'échinus, à l'épaisseur modérée de l'abaque. Il n'y a pas de similitude, mais une simple et discrète correspondance, qui suffit pour reculer et brouiller un peu l'idée déprimante de toit et de couverture, et pour donner aux parties hautes l'aspect d'une construction essentielle, conçue d'ensemble et pour elle-même.

Voilà donc le plan tracé, la distribution faite, les grands partis déterminés, les formes particulières définies jusqu'à l'extrême détail. Les mêmes considérations .décident non moins impérieusement du choix de l'emplacement et du style de la décoration. Aujourd'hui, si l'on avait à choisir un terrain pour la construction d'une église, on le prendrait de niveau avec la ville, au milieu des maisons, sur le côté d'une large rue ; on ferait en sorte que les abords en fussent faciles ; car l'église moderne est un lieu d'assemblée et de prière, et il faut que les fidèles puissent y accéder commodément. En Grèce, le temple n'est pas fait pour

recevoir le peuple des adorateurs en esprit et en vérité, ni pour envelopper chaque jour de silence et
d'ombre les dévotions particulières. L'homme privé
fait chez lui ses invocations et ses sacrifices. Quand il
approche du temple, c'est presque toujours en corps de
nation, dans les processions publiques. Le Parthénon est,
pour ainsi dire, un édifice *férié*. Sa destination essentielle
est de servir de centre aux fêtes solennelles de la nation ; il fait partie de leur mise en scène. En même
temps, c'est un trésor, il contient les deniers publics ; il
renfermera le Palladium ; il est encombré d'offrandes,
d'œuvres d'art, d'objets de prix. A tous ces titres, on
pourra sans inconvénient le placer à une certaine distance de la ville habitée ; on devra le mettre à l'abri
d'un coup de main. L'Acropole, avec sa hauteur inex-
pugnable, ses enceintes, son escalier d'une largeur pro-
cessionnelle, sera un emplacement sûr et approprié
aux usages du culte.

La nature du sentiment religieux est d'accord en ce
point avec les nécessités pratiques et le caractère des
cérémonies. Aujourd'hui, si l'on avait à construire une
église, on serait peut-être tenté de la placer dans un
fond de vallée, parmi des arbres, le pied caché par les
habitations des hommes ; elle recevrait de toutes ces
dispositions cette sorte de charme intime et doux qui
traduit pour les sens l'attitude maternelle de la divinité. Telle la voudrait le sentiment mystique. Tels,
même dans l'antiquité, étaient certains *heroa*, c'est-à-
dire des temples consacrés par une dévotion plus
spéciale et même domestique. Mais c'est à un autre
sentiment qu'il appartenait de fixer l'emplacement de

l'édifice national. Ici, l'humilité du fidèle est remplacée par la fierté du citoyen. Familier dans son culte, l'Athénien ne voisine pas cependant avec la grande divinité nationale. Il s'attache surtout à en faire le symbole et l'enseigne de la patrie glorifiée. Le même orgueil municipal qui faisait élever les tours des cathédrales gothiques, pour qu'elles pussent être distinguées de loin par le voyageur, réclamera, pour le temple grec, un lieu dominant et exposé aux regards. Il faudra que de tous côtés le citoyen d'Athènes le voie en levant les yeux; il faudra que l'habitant d'Égine le contemple avec jalousie des bords de son île déchue ; il faudra que le navigateur, passant près de Salamine, l'aperçoive comme peint sur un fond d'azur, et emporte dans son esprit, avec cette image brillante, l'idée de la puissance et de la grandeur athéniennes. A ce titre, l'emplacement naturel du Parthénon est donc l'Acropole, d'où il domine largement la ville, la campagne et la mer.

La même considération a dû entrer pour sa part dans le coloriage éblouissant que l'artiste applique à son édifice. L'Orient avait fourni une tradition; la Grèce l'adopte et l'approprie à son idéal. Autant la monochromie abstraite sied aux ruines que nous contemplons avec la mélancolie des souvenirs, car elle est elle-même un dépouillement, un effacement; autant l'éclat de la polychromie convenait à l'édifice national de la jeune Athènes ; c'était la vie, la joie, la richesse dans une sorte d'explosion, et demandant à la couleur de porter loin, plus loin encore, l'impression dont les citoyens s'enivraient orgueilleusement. Nos sens cligno-

tants, nos esprits positifs ou rêveurs, ont peine à accepter ces heurts puissants, ces sonorités trop fortes ; pour
ces sens dispos, pour ces âmes encore simples, il n'y avait
rien de trop dans ce déploiement des teintes les plus
.vives. Le Pœan ne se chantait pas à voix basse ; ce n'était
pas avec un coloris discret que le temple eût traduit
pour les yeux l'hymne triomphal de la nation se glori-
fiant elle-même, et voulant que les vibrations de sa
grande voix portassent jusqu'aux limites de l'horizon.

Le Parthénon est un syllogisme de marbre ; semblable à un système ordonné et suivi, exempt de toute
négligence et pur de tout caprice, il ne contient pas
une forme essentielle qui ne se rattache à son programme idéal ; il ne contient pas une forme accessoire
qui ne se rattache à la nature originelle ou transformée
des sens ou de l'intellect. Que peut l'analyse légère,
extérieure et côtoyante de l'homme professionnel pour
découvrir le sens authentique et les beautés profondes
d'un tel monument ! Une interprétation purement technique aurait-elle révélé ce goût du calme, de la clarté
et de l'aération, cette tempérance native, cet instinct
exquis de la mesure, cette extrême finesse et cette prodigieuse divisibilité de la sensation, cet art naturel de
distinguer et de classer les idées, de les enchaîner entre elles, de les échelonner en une hiérarchie sous une
conception dirigeante ? A tant de facultés intimes dont
les effets se mêlent et se confondent, ne fallait-il pas,
pour se manifester et se caractériser nettement dans
les beautés qu'elles engendrent, toutes les lumières
d'une comparaison avec les exemplaires fraternels
qu'elles ont produits en littérature, en religion, dans

les autres arts? Comment éviter les méprises si l'on eût ignoré les caractères de l'idéal hellénique, ceux de la divinité et du culte? Le cœur, l'esprit, les mœurs d'un peuple se reflètent dans son architecture; mais il faut savoir les découvrir sous l'appareil technique. C'est à ce prix qu'on a la clef de ces magnifiques et profonds symboles qu'on appelle les *monuments*. Le Parthénon, étudié isolément dans sa construction et dans ses formes, ne nous eût pas livré les secrets les plus profonds du style monumental dont il est l'exemplaire accompli. Pour prendre toute sa signification, il fallait qu'il se dessinât sur le vaste fond que déploie l'âme humaine, dans son développement d'ensemble. C'est pourquoi, de la même façon qu'on met une œuvre d'art *au point* et en perspective, afin de donner ton et relief à tous les traits essentiels, nous avons placé l'*édifice-type* de l'architecture grecque au centre d'un tableau de la civilisation générale et au grand jour d'une psychologie du temps et de la race.

EXPLICATION

DE QUELQUES TERMES TECHNIQUES.

Nota.—Je me suis bien moins proposé, dans cette explication, de définir exactement et scientifiquement les termes, que de représenter aux yeux les choses dont je parle, en insistant sur les caractères qui intéressent le sujet traité.

Ce sont donc ici des définitions figuratives et partielles, dont l'objet principal est de suppléer à l'absence de planches.

Apophyge,— rétrécissement de la colonne à sa base, qui fait que la colonne semble rentrer sous elle-même, comme le pied d'un iris.

Tore,— grosse moulure ronde en forme de boudin qui entre dans la composition de la base des colonnes.

Scotie,— moulure concave placée généralement entre deux tores.

Génératrices,— lignes de profil latéral de la colonne.

Entasis,— courbures que les Grecs imprimaient aux génératrices.

Annelets,— collier d'entailles à la base de l'échinus.

Rainures (de la colonne),— colliers d'une ou plusieurs entailles, plus bas que les annelets.

Gorgerin,— partie du fût comprise entre la rainure et les annelets.

Échinus, — tronc de cône renversé, à profil hyperbolique, qui s'évase sous l'abaque.

Abaque ou tailloir, — tablette qui couronne le chapiteau de la colonne et supporte l'architrave.

Architrave, — support horizontal continu posant sur les tailloirs et portant la partie supérieure de l'édifice.

Frise extérieure, — membre de l'entablement posé sur l'architrave. Il figure, dans l'ordre Ionique, une bande continue ornée d'animaux ou de plantes ; dans le Dorique, une suite alternante de faces moulurées saillantes, et de tablettes en retraite, lisses ou sculptées.

Triglyphes, — ce sont les faces moulurées dont il vient d'être question.

Métopes, — ce sont les tablettes lisses ou sculptées dont il vient d'être question.

Frise cellaire, — bande le plus souvent continue, réservée à la décoration, et située à la partie haute du mur cellaire.

Mutules, — tablettes ornées de gouttes et régulièrement espacées, formant relief à la face inférieure du larmier.

Larmier, — membre continu, taillé carrément, et faisant saillie au-dessus de la frise.

Cymaise, — moulure à profil ondé couronnant les membres supérieurs de l'entablement.

TABLE DES MATIÈRES

Paris. -- Imprimerie de E. MARTINET, rue Mignon, 2.

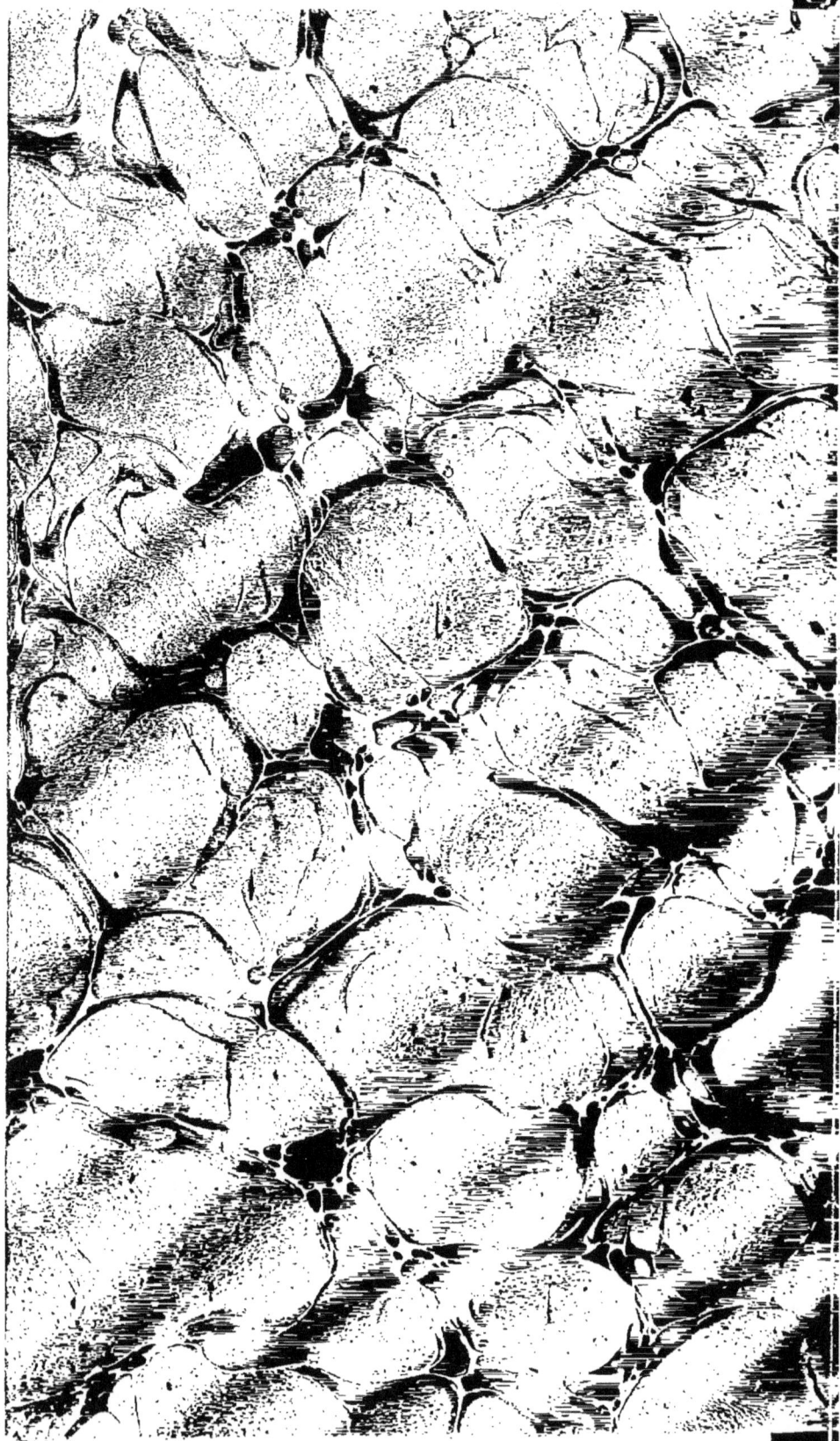

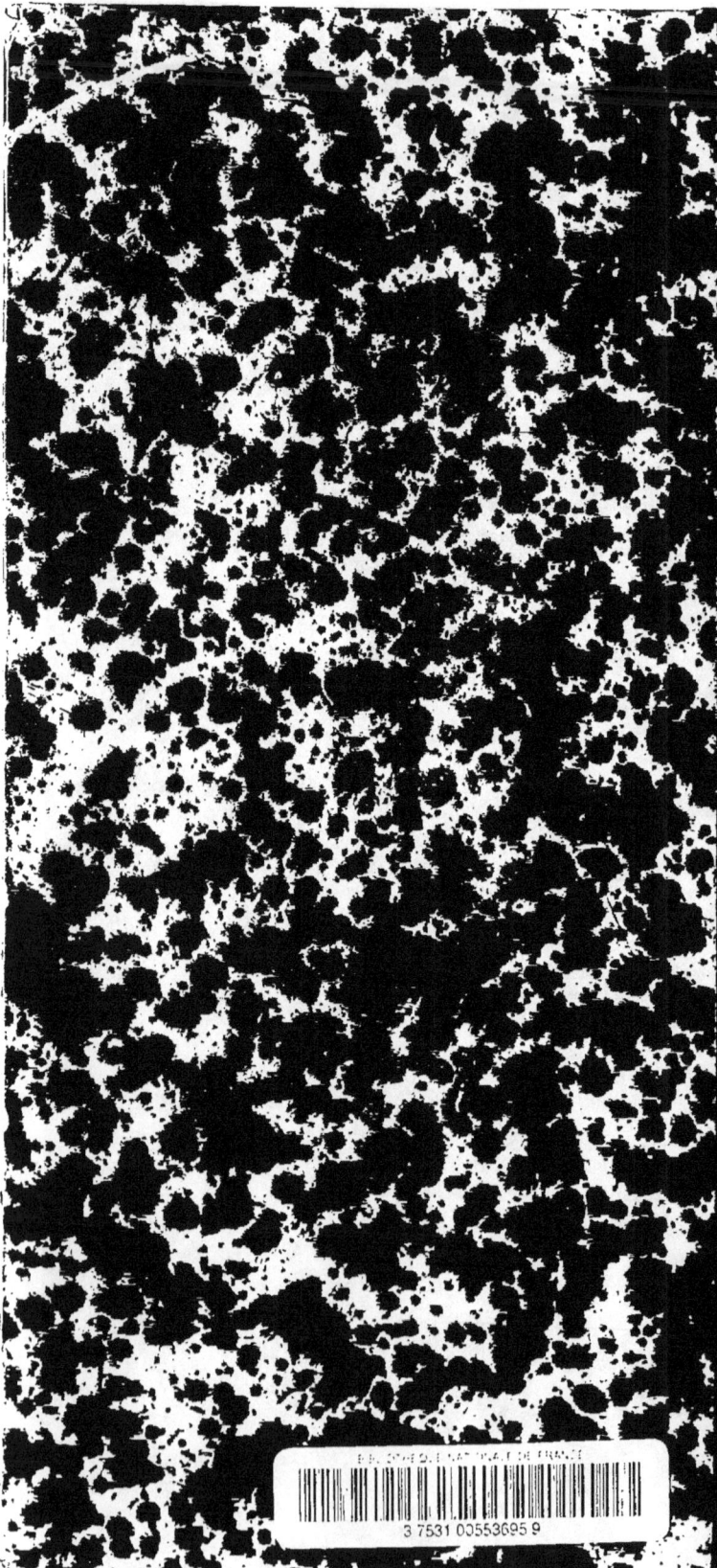